하이데거 읽기

세창사상가산책6

하이데거 읽기

초판 1쇄 인쇄 2014년 7월 10일

초판 1쇄 발행 2014년 7월 15일

-

지은이 박찬국

펴낸이 이방원

기획위원 원당희

편집 조환열 · 김명희 · 안효희 · 강윤경

디자인 손경화 · 박선옥

마케팅 최성수

-

펴낸곳 세창미디어

출판신고 2013년 1월 4일 제312-2013-000002호

주소 120-050 서울시 서대문구 경기대로 88 냉천빌딩 4층

전화 02-723-8660

팩스 02-720-4579

이메일 sc1992@empal.com

홈페이지 http://www.sechangpub.co.kr/

-

ISBN 978-89-5586-208-9 04160

978-89-5586-191-4 (세트)

이 도서의 국립중앙도서관 출판시도서목록(CIP)은 서지정보유통지원시스템 홈페이지(http://seoji.nl.go.kr)와 국가자료공동목록시스템(http://www.nl.go.kr/kolisnet)에서 이용하실 수 있습니다.

CIP제어번호: CIP2014019641

세창사상가산책 | MARTIN HEIDEGGER

하이데거 읽기

박찬국 지음

6

세창미디어

머리말

20세기 철학자들 중 하이데거만큼 많은 논란의 대상이 된 사상가도 없을 것이다. 어떤 사람들은 그를 서양철학에 전적으로 새로운 지평을 연 20세기 최대의 사상가로 보면서 경탄해마지 않지만, 어떤 사람들은 그를 인간이성의 힘을 무시하면서 소위 '존재의 역사적 운명'에 복종할 것을 주창하는 비합리주의적인 숙명주의자에 불과하다고 폄훼한다.

하이데거에 대해서 이렇게 절대적인 긍정과 절대적인 부정이라는 극단적인 평가들이 존재하는 데는 여러 가지 이유가 있을 것이다. 그러나 본인은 가장 큰 이유를 하이데거가 철저하게 현상학적인 입장에 서면서 이른바 근원적 경험에 입각하여 자신의 사상을 전개하고 있다는 데서 찾고 싶다. 하이데거는 누구나 관찰할 수 있고 동의할 수 있는 객관적인 사실을 제시하고 있는 것이 아니라 자신이 근원적으로 경험한 인간과 세계를 분석하고 있는 것이다.

그런데 인간과 세계에 대한 이러한 근원적인 경험은 드물게 주어지며 우리는 우선 대부분의 경우 세간적인 가치를 추구하는 데 여념이 없다. 따라서 하이데거의 철학이 분석하고 있는 인간과 세계에 대한 근원적인 경험은 우리에게는 우선 대부분의 경우 낯설게만 느껴지기 쉬우며, 바로 이로 인해서 하이데거의 사상은 극히 이해하기 어려운 것이 된다.

더 나아가 하이데거는 인간과 세계에 대한 근원적인 경험은 우리가 삶의 방식을 전적으로 변화시키는 것과 함께 일어난다고 보고 있다. 따라서 하이데거의 저작들을 이해하기 위해서는 날카로운 두뇌와 논리력이 아니라 실존의 전적인 변화와 참여가 요구된다. 그리고 실존의 이러한 변화와 참여를 함께 수행하지 않는 사람들에게 하이데거의 철학은 러셀이 말하는 것처럼 언어의 소동이나 비합리주의적인 신비주의로밖에 나타나지 않게 된다.

하이데거의 철학이란 인간 실존이 진정으로 자기가 되고 세계와 근원적인 관계를 맺게 되는 삶의 사건, 다시 말해서 우리 인간이 정화淨化되고 세계가 우리가 그것에 덧씌운 잡스러운 의미를 떨쳐 버리고 순연純然한 모습으로 자신을 드러내는 삶의 사건을 해명하는 철학이다. 독자들이 하이데거 사상에 대한 이 해설을 통해서 이러한 삶의 사건으로 진입하길 바란다.

이 책은 이미 오래전에 절판된 『하이데거와 윤리학』(철학과 현실사, 2001)에서 하이데거 사상의 핵심을 설명하는 부분들을 따로 편집하고 수정 보완한 것이다. 이 책은 하이데거 사상에 대한 해설서라는 성격을 갖기 때문에 독자들에게 지나치게 번쇄한 느낌을 주는 것을 피하기 위해 인용문을 제외하고는 출처 표시를 하지 않았음을 밝혀둔다.

1

자유의 철학으로서의 하이데거의 존재론

1
왜 존재가 문제가 되는가?

잘 알려져 있듯이 하이데거Martin Heidegger, 1889~1976는 자신을 일생 동안 사로잡았던 철학적 물음을 존재물음이라고 부르고 있다. 그런데 하이데거는 물음das Fragen을 경건한 사유die Frömmigkeit des Denkens라고 부른다. 어떤 것을 묻는다는 것이 그것에 대해서 경건하게 사유하는 것이라면, 존재물음이란 존재에 대한 경건한 사유라고 할 수 있을 것이다.

존재에 대한 경건한 사유라는 것을 하이데거는 존재의 소리에 귀를 기울인다거나 존재의 소리에 응한다고도 말하고 있다. 그런데 존재의 소리에 귀를 기울인다는 것은 무엇을 의미하는가? 그것은 쉽게 말해서 개인의 지평이든 집단의 지평이든 혹은 인류의 지평이든 인간의 협소한 지평을 넘어서 존재라는 최대 포괄자의 지평으로 진입하는 것을 의미하며, 이와 함께 세계와 사물을 인간의 관점에서가 아니라 존재 자체의 관점에서 경험하는 것을 의미한다.

우리 인간은 항상 어떤 관점에서 사물들을 보고 평가한다. 우리는 흔히 자기 자신이나 자신이 속하는 어떤 집단 혹은 인류 전체를 다른 모든 존재자를 평가하는 절대적 척도로 추켜올리면서, 인간의 관점에서 모든 존재자를 보고 경험하며 평가하면서 그것들을 인간의 목적 실현을 위한 수단으로 삼으려고 하는 것이다.

보다 구체적으로 말하자면 우리는 흔히 자기 개인의 주관적인 이해관심을 절대화하면서 이러한 이해관심의 관점에서 모든 것을 보고 경험하며 평가한다. 이에 따라서 우리는 자신을 잘 대해주는 사람은 선한 사람이고 그렇지 않은 사람은 악한 사람이며, 자신에게 유리한 작용을 하는 존재자는 좋은 존재자이고 그렇지 않은 존재자는 나쁜 존재자라고 본다. 경우에 따라 우리는 존재자들을 평가하는 관점을 보다 넓혀서 자신이 속해 있는 민족을 기준으로 삼을 수 있다. 이 경우 자신이 속하는 민족이 모든 것의 선악을 평가하는 척도가 되고 구체적인 인간 개개인을 비롯한 모든 존재자는 이러한 민족의 영광과 번영을 위한 수단이 된다.

그런데 이렇게 우리 자신이나 우리가 속하는 민족을 절대화하여 모든 존재자를 그것들의 번영을 위한 수단으로 삼게 될 때, 세계는 이렇게 한갓 수단으로 전락한 다른 인간이나 다른 민족이 '자기'를 되찾기 위해서 반란을 일으키며 이는 다시 역으로 이러한 반란을 억압하기 위해서 우리 자신이나 우리가 속하는 민족이 폭력을 사용하는 소란과 광기의 장이 되고 만다.

우리가 취할 수 있는 관점을 가장 확대할 경우 보통 그것은 인류 전체의 관점이 된다. 그런데 유類로서의 인간도 세계 내의 특정한 존재자에 머무는 이상 인류가 자신의 관점을 절대화할 때 인류 이외의 존재자들은 인류의 욕망을 실현하기 위한 수단으로 전락하게 된다. 이와 함께 다른 존재자들은 그 자신으로부터 소외되게 된다. 다른 존재자들은 그 자신의 고유한 존재 내지 본질을* 실현하는 것이 아니라 인간을 위해서 작동하도록 강제당하게 되는 것이다. 따라서 존재의 관점에 서지 않고 인류의 관점에 서는 철학은 궁극적으로는 모든 존재자를 기술적인 조작과 관리의 대상으로 삼는 기술Technik의

* 하이데거는 존재자의 고유한 존재와 본질 그리고 진리를 동일한 의미로 사용하고 있다. 다시 말해서 존재자가 자신의 고유한 존재를 실현한다는 것은 자신의 고유한 본질 내지 진리를 실현한다는 것을 의미한다.

철학으로 전락할 수밖에 없다. 이러한 철학에서 인류의 역사는 인류가 자연을 정복하고 지배하는 역사가 될 수밖에 없다.

하이데거가 말하는 존재란, 모든 존재자의 고유한 존재를 인정하면서 그러한 존재를 마음껏 실현하도록 함으로써 그 존재자로 하여금 그 자신으로 존재하게 하는, 최대의 포괄적인 지평이다. 하이데거는 최대의 포괄적인 지평으로서의 존재가 갖는 이러한 성격을 가리키기 위해서 존재를 '열린 터das Offene'라고도 불렀다. 존재야말로 모든 존재자를 각각의 '자기'로 해방시키고 자유롭게 하는 것인바, 인간을 포함한 모든 것의 자유와 해방을 추구하는 자는 존재의 관점에 서야만 한다. 이런 의미에서 우리는 존재의 관점에 서서 사태를 파악하려고 하는 철학이야말로 참된 자유와 해방의 철학이라고 할 수 있다.

우리 인간은 의식적으로든 무의식적으로든 이러한 소외와 지배를 야기하지 않는 가장 포괄적인 지평의 관점을 희구한다. 이러한 희구를 우리는 초월Transzendenz에의 관심이라고 부를 수 있다. 우리는 이러한 초월에의 관심을 넓은 의미에서 형이상학적인 관심이라고 할 수 있을 것이다.* 따라서 인간이 이러한 형이상학적인 관심을 갖는 것이야말로 인간의 근본성격이다. 인간은 사회적, 역사적 동물이기 이전에 형이상학적인 동물인 것이다. 그러나 인간은 존재 자체가 아니고 자신이 관계하는 존재자들에 의존하는 하나의 유한한 존재자이므로 존재자들에 정신이 빼앗기는 경향이 있다. 이와 함께 인간은 자신이 관계하고 의존하는 존재자들을 자신에게 유리하게 조작하고 관리함으로써 자신의 안전과 번영을 확보하려고 하는 것이다.

현대는 오직 존재자에게만 현실성을 인정하고 존재 자체에게는 현실성을 인정하지 않는다는 점에서 또는 존재자들의 관점만을 인정하고 존재 자체의 관점을 인정하지 않는다는 점에서 철두철미하게 존재자에게만 정신이 팔려 있는 시대다. 현대가 갖는 이러한 성격은 철학에도 그대로 반영되어 존재자들에게만 현실성을 인정하는 개별과학의 방법론이나 개별과학들의 성과를 '귀납적으로' 종합하는 학으로 전락하고

* 이 경우 형이상학적 관심이란 하이데거의 철학까지 포함하여 모든 형이상학을 규정하는 근본적인 관심이라고 할 수 있다. 다만 하이데거는 서양의 전통형이상학은 존재를 신이나 인간과 같은 최고의 존재자와 혼동한다고 보면서 자신의 철학과 서양의 전통형이상학을 구별한다. 이와 함께 하이데거는 후기에는 형이상학이란 용어를 플라톤에서 니체에 이르는 서양의 전통형이상학을 가리키는 용어로 사용하고 있으며 자신의 철학은 형이상학이 아니라 사유(Denken)라고 부르고 있다.

말았다. 현대의 이러한 경향을 극복하려고 나섰던 것이 바로 하이데거의 철학이었으며 그것은 존재자가 아닌 존재 자체로 초월함으로써 철학을 새로운 토대 위에 놓으려고 한다.

철학은 존재자가 아니라 존재를, 개별자가 아니라 전체를 사유한다. 철학은 예술이나 종교와 같이 유한한 것과 개별적인 것 안에서 전체로서의 존재의 임재臨在를 경험하려는 역설을 시도한다. 이것들은 모든 개별적인 것을 존재로부터 드러내고 통찰할 수 있게 만든다. 예술은 형상을 통해서, 종교는 제의를 통해서, 철학은 사유를 통해서 그것을 시도한다. 이러한 존재가 개시되지 않을 때 과학이든 기술이든 정치든 경제든 인간의 모든 행위는 방향을 잃고 맹목적인 것이 되고 만다. 현대의 위기는 존재를 경험하지 못하고 존재자들에만 정신이 팔려 있는 현대인의 삶의 태도에 그 원인이 있다.

하이데거는 플라톤Platōn에서 시작하여 헤겔Hegel에서 정점에 이르는 서양의 형이상학이, 존재 자체를 인간의 정신 내지 이성과 동일시하면서 객관을 주관에 포섭시키는 방식으로 존재자들을 개념적으로 장악하려고 하는 주관성의 철학으로 전락하게 되었다고 본다. 또한 이러한 주관성의 철학은 결국 모든 존재자를 인간이 임의로 조작하고 지배할 수 있는 물품으로 만들어버리는 기술문명으로 종결될 수밖에 없었다고 본다. 다시 말해 현대의 기술문명은 플라톤에서 시작된 존재 망각에 근원을 두고 있는바, 하이데거는 우리가 주관 또는 객관을 절대화하면서 어느 한쪽을 다른 쪽으로 환원시킬 것이 아니라 주관과 객관을 비로소 가능하게 하는 존재 자체로 초월할 것을 촉구하고 있는 것이다.

2
근원적 윤리학으로서의 하이데거의 존재론

하이데거의 존재론이 결국 존재의 관점으로 돌아감으로써 존재자들을 그 자신으로 해방시키는 것을 목표하고 있다면, 우리는 하이데거의 철학을 존재론일 뿐 아니라 윤리학이라고도 할 수 있다. 존재야말로 우리가 존재자들을 왜곡시키지 않고 그 자체로 해방시키기 위해서 돌아가야 할 궁극적인 것이라면, 우리는 존재야말로 우리의 모든 생각과 행동을 선한 것으로 만드는 '선' 자체라고 볼 수 있을 것이다. 따라서 존재에 대한 하이데거의 탐구는 선 자체에 대한 탐구라고도 말할 수 있다. 이런 의미에서 하이데거의 존재론은 그 자체로 이미 하나의 윤리학이라고도 할 수 있다. 그것은 우리의 모든 사유와 행동을 선한 것으로 만드는 궁극적인 근거에 대한 탐구이기도 한 것이다.

하이데거 자신은 존재론과 윤리학을 나누고 있지 않을 뿐 아니라 심지어 그는 철학이 여러 분과 학문으로 나뉘게 된 것을 철학의 퇴락이라고까지 보고 있다. 하이데거는 철학이 형이상학과 논리학 그리고 미학과 윤리학 등의 분과들로 나누어지게 된 것을 철학이 '존재를 망각하면서 신이나 인간과 같은 최고의 원인으로부터 세계를 설명하는 기술'로 전락하게 된 이후에 일어난 일이라고 보는 것이다. 이 경우 형이상학은 우리 눈앞의 존재자들을 이른바 객관적으로 탐구하는 것이 되며, 미학이나 윤리학은 이러한 형이상학과는 달리 인간이 존재자들에게 부여하는 주관적 의미를 탐구하는 것이 된다. 다시 말해서 형이상학이 존재의 의미를 이론적인 지성을 통해서 고찰될 수 있는 '눈앞의 존재Vorhandensein'로 보게 되면서 아름다움이나 선은 인간이 존재자들에 대해서 느끼는 주관적인 감정에 불과한 것으로 보게 되는 것이다.

하이데거는 윤리를 에토스ἦθος, Ethos라는 그리스어를 실마리로 하여 사유하려고 한다. 이는 하이데거가 자연을 현대자연과학에 의해서 파악된 자연이 아니라 퓌지스Physis라는 그리스어를 실마리로 하여 사유하려고 하는 것과 마찬가지다. 하이데거는 "인간은 인간으로 존재하는 한, 신의 가까이에 거주한다ἦθος"는 헤라클레이토스Hērakleitos의 단편에 대한 해석을 통해서 에토스라는 말의 근원적인 의미를 드러내고 있다. 이 경우 에토스란 말은 거주지Wohnstätte를 의미한다. 윤리라는 말로 우리는 보통 행위의 지침이 되는 '사회적·도덕적 규범'을 가리키지만, 윤리를 의미하는 독일어 Ethik와 영어 ethics의 어원에 해당하는 그리스어 에토스는 '인간이 거주해야 하는 근원적인 세계'를 가리키는 말인 것이다.

그러한 세계는 신이 임재하는 가운데 인간을 비롯한 모든 존재자가 자신들의 고유한 존재 내지 본질을 환히 드러내고 있는 세계이다. 이러한 세계에서 인간은 존재자들을 자신의 욕구충족을 위한 수단으로 삼지 않고 그것들이 자신들의 고유한 본질을 발현하도록 돕는다. 선한 행위가 존재자들이 자신의 본질을 실현하는 것을 돕는 행위이고 악이 존재자들의 본질 실현을 저해하는 행위라고 한다면, 에토스로서의 근원적인 세계는 존재자들이 자신의 고유한 본질을 실현하고 있는 세계라는 의미에서 선이 지배하는 세계다.

동물이 본능의 명령에 구속되어 자신과 자기 주위의 모든 것을 본능적인 욕구충족의 수단으로 삼는 반면에, 인간은 다른 존재자들이 독자적인 존재의미를 갖고 있다는 사실을 알고 있다. 물론 인간도 다른 인간과 사물들을 자신의 욕구충족을 위한 수단으로 삼는 경우가 있지만 그 와중에도 인간은 다른 인간을 비롯한 모든 존재자가 자신을 위해서 존재하는 것은 아니라는 사실을 잘 알고 있는 것이다.

하이데거가 인간만이 '존재이해'를 갖고 있다고 말할 경우, 그것은 인간은 모든 존재자 각각이 자신만의 고유한 본질을 갖고 있다는 사실을 의식적으로든 무의식적으로든 이미 이해하고 있다는 사실을 가리킨다. 우리 인간은 동물에 대한 존재이해를 갖기 때문에 동물의 입장에 설 수도 있고 동물이 학대

받는 것을 볼 때 분노할 수도 있다. 하이데거는 이렇게 존재 이해를 갖는 존재자라는 의미에서 인간을 현-존재現-存在라고 부르고 있다. 현-존재란 말은, 인간이란 모든 존재자의 고유한 존재가 드러나는 장이며 그러한 장으로서 인간에게는 '모든 존재자를 그 자체로서 존재하도록 해야 하는sein-lassen' 과제가 부과되어 있다는 사실을 가리킨다.

본능의 지배에서 벗어나 모든 존재자의 고유한 본질을 이해할 수 있는 인간 특유의 능력은 전통적으로 이성이라고 불리어 왔다. 하이데거는 흔히 이성을 폄하하고 존재의 신비를 설파하는 비합리주의자라고 불리지만 하이데거가 목표하는 것은 이성을 폐기하는 것이 아니라 오히려 서양 형이상학과 현대의 과학기술에 의해서 망각된 이성의 근원적인 의미를 다시 상기시키는 것이다. 하이데거에게 이성이란 현대인이 이해하는 것처럼 존재자들을 계산하고 관리하는 능력이 아니라 각각의 존재자들이 갖는 고유한 존재에 대한 섬세한 감각이다. 하이데거가 목표하는 것은 이러한 감각을 일깨우는 것이다.

하이데거가 존재자들의 고유한 존재나 본질에 대해서 말할 때 그것은 전통형이상학에서 말하는 존재자들의 공통된 특성을 의미하는 것이 아니다. 전통형이상학에서는 존재자들의 본질은 눈앞의 존재자들에서 공통된 특성을 추상해 냄으로써 드러나는 것으로 여겨졌다. 그러나 하이데거에게는 존재자의 고유한 본질은 그러한 추상에의 존재자들이 오히려 자신의 본질을 스스로 드러내도록 우리 자신을 비울 때만, 다시 말해서 존재자들을 우리의 욕구충족을 위한 수단으로 만들려는 의지에서 벗어날 때만 드러난다.

더 나아가 하이데거는 존재자들의 진리를 경험하기 위해서 우리가 존재 자체의 진리를 경험해야 한다고 생각한다. 존재 자체란 모든 존재자를 존재하게 하면서 그것들에게 통일성과 질서를 부여하는 것이면서도 정작 자신은 은닉하는 심연적인 근거이다. 이러한 존재 자체의 진리에 자신을 여는 것을 통해서만 인간은 모든 존재자의 진리를 경험할 수 있다는 것이다. 존재 자체의 진리에 자신을 연다는 것은, 우리가 자신의 좁은 지평을 벗어나 모든 존재자가 자신의 진리를 드러내는 가장 포괄적인 장으로서의 존재 자체에 진입하는 것을 의미한다. 존재가 이렇게 모든 존재자가 그 안에서 자신의 진리를 환히 드러내는 가장 포괄적인 장이라는 점에서 하이데거는 존재를 '자유로운 열린 터das Freie, das Offene'라고 부르고 있다. 이러한 열린 터에서만 존재자들은 그 자신을 드러내며 우리는 그렇게 찬연히 자신을 드러내는 존재자들의 진리에 사로잡히게 된다.

인간이 올바르게 행동하기 위해서는 자신의 좁은 이해관심이나 욕망에서 벗어나 진정으로 보편적인 입장에서 서야 한다는 것은 누구나 인정할 것이다. 회의주의나 상대주의는 이러한 보편적인 입장이란 존재하지 않는다고 생각한다. 이에 반해 전통형이상학은 이러한 보편적인 입장을 상정하지만 이러한 입장은 우리가 우리의 이론적 이성이나 실천적 이성을 충분히 개발함으로써 도달할 수 있다고 생각한다. 하이데거 역시 보편적인 입장을 상정하지만 그것은 전통형이상학에서처럼 우리의 이론적 이성이나 실천적 이성을 연마하는 것에 의해서가 아니라 불안이나 경이 그리고 경외와 같은 근본기분을 통해서 우리에게 '증여되는' 것이라고 본다. 하이데거에게 보편적인 입장이란 존재의 진리를 말하는 것이며, 이러한 존재의 진리가 근본기분을 통해서 자신을 개현하면서 우리 인간은 모든 존재자가 자신들의 고유한 진리를 드러내는 광활한 터에 진입하게 되는 것이다.

3

왜 존재 자체의 입장만이 존재자의 진리를 드러낼 수 있는가?

이상의 논의가 하이데거 철학을 처음으로 접하는 사람들에게는 지나치게 난해하게 들렸을지도 모르겠다. 따라서 여기서는 지금까지 이야기한 것을 보다 분명하게 설명하려고 한다.

우리는 보통 세계는 개개의 존재자들로 구성되어 있다고 생각한다. 이는 우선 대부분의 경우 우리가 지각하는 것들이 개개의 식물과 동물 그리고 개개의 인간이기 때문이다. 우리는 이러한 개개의 존재자들이 있고 그다음에 이를 토대로 존재자들 간의 관계가 성립한다고 생각한다. 이러한 생각에 따르면 다른 존재자들과의 관계에서 벗어난 실체가 먼저 있고 이러한 실체들이 서로 관계를 맺는 것이기 때문에, 실체들은 관계없이도 존재할 수 있는 것이 되며 존재자들 간의 관계는 실체들의 존재에 본질적인 것이 아니라 부수적인 것에 지나지 않게 된다.

그러나 우리가 조금만 생각해 본다면 개개의 존재자들은 다른 존재자들과의 관계 안에서만 존재할 수 있다는 사실을 곧 깨닫게 된다. 개개의 존재자들은 다른 것들에 의존하지 않고 독자적으로 존재하는 것이 아니라 항상 하늘과 대지 그리고 다른 존재자들과의 직·간접적인 관계 속에서 존재한다. 개개의 존재자가 다른 존재자들과 맺는 관계는 존재자의 존립에 부수적으로 수반되는 것이 아니라 그것의 존립을 위해서 본질적으로 필요한 것이다.

우리 자신을 예로 할 경우 우리는 태양의 빛을 받고 대지의 수분을 마시면서 태양과 천체 그리고 물과 대지와 관계하고 있으며, 음식물을 통해서 다른 식물과 동물과 관계하고 있고, 사회적인 분업과 협업 체계 아래서 다른 인간과 관계하고 있다. 우리 인간뿐 아니라 모든 존재자도 이미 이렇게 전체에 나가 있는 것이며 전체와의 긴밀한 관계 속에서 존재한다. 모든 존재자는 이러한 전체적인 관계질서 안에서만 존립할 수 있기 때문에, 이러한 전체적인 관계질서는 흔히 사람들이 생각하는 것처럼 '서로 독립적으로 존재하는 존재자들의 단순한 총합'이 아닌 것이다. 존재자들을 서로 결합시키고 있는 관계망은 하나의 전체적인 질서를 형성하고 있으며, 개개의 존재자는 이러한 전체적인 관계질서 안에서만 존재한다.

여기서 조금 더 사태를 자세하게 살펴보자. 존재자들이 전체적인 관계질서 안에서만 존재한다면 이러한 관계질서는 어디에서 비롯되는가? 이러한 관계질서는 사람들 간의 상업적인 관계처럼 존재자들의 협약이나 계약에 의해서 생기는 것은 아니다. 존재자들이 이러한 관계질서를 형성하는 주체가 아니라 오히려 존재자들은 그러한 관계질서에 의해서 존재하게 되고 각 존재자들의 행동방식마저도 이러한 전체적인 관계질서에 의해서 규정된다. 존재자들의 존재방식이 이러한 전체적인 관계질서에 의해서 규정되고 조절될 경우에만 존재자들 사이에는 혼돈이 아니라 조화와 균형이 존재할 수 있으며, 존재자들 사이의 관계가 서로의 파멸이 아니라 서로의 존립을 위한 본질적인 조건이 될 수도 있다.

이런 의미에서 전체적인 관계질서는 각각의 존재자를 그러한 존재자로서, 즉 동물은 동물로서, 식물은 식물로서 존재하게 하면서 그것들 간의 조화와 통일을 가능하게 하는 궁극적인 근거이다. 이러한 전체적인 관계질서가 바로 하이데거가 존재 자체라고 부르는 것이며, 그것이 각 존재자들에게 부여하는 고유한 존재방식이 하이데거가 존재자들의 고유한 존재 내지 본질Wesen이라고 부르는 것이다.*

전체적인 관계질서가 존재자의 존재방식을 규정하는 것이지만, 그렇다고 해서 이것은 존재자들이 전체에 예속되어 있다는 것을 의미하는 것은 아니다. 오히려 개개의 존재자들이 전체적인 질서가 자신에게 부여한 존재방식에 따르는 것은 존재자들이 자기 자신으로서 존재하기 위한 조건이다. 예를 들어서 각 동물은 자연 전체에 의해서 부여된 본능구조에 따라서 행동할 때만 제대로 존재할 수 있다. 이러한 본능구조는 전체에 의해서 그 동물에게 주어진 본질인바, 그 동물은 이러한 본질에 따르는 것을 통해서만 전체와 충돌하지 않고 자체적인 존립을 유지할 수 있는 것이다.

따라서 존재자들이 자신들에게 부여된 본질에 따른다는 것은 존재자들이 자기에게 낯선 법칙에 예속되는 것이 아니라 오히려 자신의 고유한 존재를 실현한다는 것을 의미한다. 예

* 물론 이 경우 본질을 의미하는 독일어 Wesen을 하이데거는 동사적인 의미로 해석하면서 전통 형이상학의 본질개념이 갖는 피상성을 극복하려고 한다. 이에 대해서는 이 책의 081쪽 '세계 개현과 근본기분' 부분을 참조하기 바란다.

를 들어서 닭이 넓은 마당에서 닭의 본능에 따라서 살 경우에 그것은 자신에게 낯선 법칙에 자신을 예속시키는 것이 아니라 자신의 고유한 존재를 실현하고 있는 것이다. 이에 반해 닭이 인간의 이해관심에 따라서 좁은 닭장에서 수시로 초기 자극을 받아가면서 알을 까는 기계로서 살아갈 때, 그것은 자신의 본질에 배치되게 사는 것이고 그 결과 그것의 존재는 큰 손상을 입게 될 것이다.

이러한 사실은 동물에 대해서뿐 아니라 인간에 대해서도 타당하다. 인간도 존재 전체에 의해서 주어진 그 자체의 본질에 따라서 살 때만 진정으로 존재할 수 있다. 사르트르Sartre와 같은 철학자는 '실존은 본질에 앞선다'고 말하면서 존재자들이 실현해야 할 본질이 존재자들이 스스로 선택한 결과로서 주어지는 것이 아니라면 그것은 개별자를 부당하게 구속하는 것으로 생각했지만, 본질은 사실은 존재자를 복속시키는 것이 아니라 오히려 존재자를 그 자신으로 해방시키는 것이다. 본질은 어떤 존재자가 다른 존재자들에 대해서 갖는 한계Grenze를 의미하지만, 이러한 한계는 존재자를 구속하고 제한하는 것이 아니라 오히려 존재자를 자신의 진리 안으로 자유로이 내주는 것이다.

다만 인간은 존재의 열린 터에 거주하는 것을 자신의 본질로 갖기 때문에, 인간의 본질은 한계라는 성격이 아니라 후기 하이데거가 탈-존脫-存, Ek-sistenz이라고 명명한 개방성Offenständigkeit이라는 성격을 갖는다는 점에서 다른 존재자들과 다를 뿐이다. 그러나 이것도 인간의 본질이라고 말할 수 있으며 인간도 이러한 자신의 본질을 충실하게 구현하지 못할 경우에는 자신의 존재를 왜곡하게 되거나 파괴하게 된다는 점에서는 다른 존재자들과 다를 바가 없다.

각 존재자에게 부여된 본질은 각 존재자가 갖는 부분들에게 질서와 통일을 부여한다. 어떤 존재자가 자신의 본질에 따를 경우에 그 존재자의 부분들은 통일적인 생을 구현하게 되지만 그렇지 못할 경우에 그러한 부분들은 혼돈과 무질서에 빠져 해체되고 말 것이다. 예를 들어서 닭이 자신에게 주어진 본질적인 본능에 따라서 살 경우 그것에 속해 있는 부분들인 다리나 날개 각각이 잘 발달될 뿐 아니라 그것들은 하나의 통일된 전체성을 형성하면서 훌륭한 닭으로 성장하게 될 것이다. 존재 전체가 존재자들에게 본질을 부여하고 존재자들로 하여금 그러한 본질을 따르게 함으로써 존재자들 간의 전체적인 질서와 조화를 가능하게 하는 '전체성'인 것처럼, 본질은 어떤 존재자 내에서 부분들 간의 전체적인 질서와 조화를 가능하게 하는 '전체성'이다.

어떤 존재자의 본질은 존재 전체에 의해서 주어지는바, 이러한 본질은 그 존재자가 존재 전체 안에서 갖는 위치를 의미한다. 하이데거는 이런 의미의 본질은 어떤 특정한 부류의 사물들에 공통된 보편적인 성질이 아니라 '존재자의 진리 내지 존재자의 참된 존재'를 의미한다고 말하고 있다.

> 사람들은 흔히 본질이란 말로 어떤 특정한 부류의 사물들에 공통된 성질을 지칭한다. 이러한 관념에 따르면 본질은 다수의 것에게 동일하게 타당한 유개념과 보편개념을 통해서 표현된다. 그러나 이러한 보편타당한 본질이라는 의미에서의 본질essentia은 비본질적인 본질일 뿐이다. 어떤 것의 본질적인 본질은 어디에 성립하는가? 아마도 그것은 존재자의 진리, 즉 존재자의 참된 존재로부터 규정된다.*

이러한 본질은 본질들 상호 간의 연관과 질서를 가능하게 하는 전체인 존재를 지시한다. 존재는 다양한 본질을 통해서 다양한 존재자들로 이행하지만 그것은 '하나의 통일된 유일한 존재das Einzige'이다. 본질은 존재가 존재자로 매개되는 방식이다. 즉 그것은 존재를 존재자 안에서 한정하고 일정한 형태를 갖도록 하는 방식이다. 본질은 독자적인 존재자로서 존재하는 것이 아니라 존재자를 근거 지우면서 존재자 안에서 임재臨在한다wesen. 존재자는 본질을 통해서 통일성과 자립성을 갖게 되지만, 본질은 존재자를 통해서 현실성Wirklichkeit을 얻게 된다.

본질이 존재자 안에서 개별화되는 방식으로만 존재하는 것처럼, 존재는 본질이 되는 것을 통해서만 존재한다. 존재는 존재자의 본질로서만 존재하며 그리고 본질은 결국 존재자로서만 현실적으로 존재할 수 있기 때문에 존재도 존재자로서만 현실적으로 존재할 수 있다. 본질과 전체는 존재자 안에 현재하며 이를 통해서 존재자를 근거 지운다. 그러나 다른 한편으

* 하이데거 전집 5권: *Holzwege*, Frankfurt am Main, Vittorio Klostermann, 1977, 37쪽.

로 본질과 존재는 개개의 존재자가 자신의 본질과 존재를 실현하는 방식으로만 존재한다. 즉, 그것들은 존재자를 통해서만 현실적으로 존재할 수 있다. 이 점에서 우리는 존재자는 본질과 존재 전체를 근거 짓는다고 말할 수 있다. 이렇게 존재와 존재자가 서로를 근거 짓는 현상을 하이데거는 존재론적 차이die ontologische Differenz라고 부른다.

하이데거의 존재물음은 최대의 전체인 존재가 우리에게 어떻게 자신을 개시하고 각각의 존재자와는 어떠한 관계에 있는지를 묻는다. 그런데 왜 우리는 존재를 문제 삼아야 하는가? 역사나 자연과 같은 특정한 존재영역을 넘어서 그러한 모든 영역을 포괄하는 최대의 전체에 대해서 묻는 것은 무슨 의미가 있는가? 존재 전체에 대한 물음은 구체적인 삶의 문제에서 떠나 있는 철학자들의 단순한 지적인 호기심에서 비롯된 것인가? 아니면 그것은 외관상으로는 우리의 구체적인 삶과 무관한 것처럼 보이지만 우리의 삶이 진정한 삶이 되기 위해서 우리가 필연적으로 제기할 수밖에 없는 물음인가?

진정으로 선한 행위가 인간뿐 아니라 모든 존재자에게 자신의 편협한 이해관심을 강요하지 않고 존재자들로 하여금 자신들의 고유한 존재를 발현하게 하는 행위일 경우, 이러한 행위가 가능하기 위해서는 우리는 존재 전체에 대한 물음을 제기하지 않을 수 없다. 우리는 앞에서 존재자들은 전체적인 관계질서 안에서만 존재하며 이러한 전체가 바로 존재자들의 본질을 규정한다는 사실을 보았다. 이는 우리가 전체의 빛 안에서만 존재자들 각각의 본질도 진정으로 이해할 수 있다는 것을 의미한다.

우리가 우리의 이해관심에 의해서 제한된 환경세계로부터 벗어나 진정한 전체의 입장으로 초월할 경우에만 존재자는 주체의 이해관심에 의해서 침윤된 '대상'이 아니라 존재자 그 자체로서 자신을 개시할 수 있으며 우리는 이러한 개시에 입각하여 그 존재자에 대해서 참되게 행위할 수 있다. 우리가 우리의 제한된 입장을 초월하여 존재자들을 그 자체로서 존재하게 한다는 것은 단순히 어떤 개인의 사적인 관점뿐 아니라 의식일반이나 상호주관성과 같은 인류 일반에 공통된 관점마저도 초월한다는 것을 의미한다. 의식 일반이나 상호주관성과 같이 인간 전체에 공통된 관점도 모든 존재자를 '그 자체로서' 드러내지는 않으며 우리 인간의 이해관심의 '대상'으로서만 드러낼 뿐이다. 이 경우 존재자는 인간에게 유용한지 아닌지에 따라서 고찰되며, 이때 존재자에게 부여되는 의미는 그 자체적인 의미가 아니라 주관적인 의미에 지나지 않는다.

현대인은 자연과학이나 역사학과 같은 개별과학만이 존재자의 진리를 진정으로 드러낸다고 생각한다. 그러나 이러한 자연과학이나 역사학은 어떤 존재자나 사건을 전체의 입장에서 고찰하는 것이 아니라 자연적인 사건들의 연관체계나 역사적인 사건들의 연관체계라는 제한된 관점에서 고찰한다. 과학은 존재자를 그 자체로서 파악한다고 주장하지만 여기서 존재자는 어떤 자연적 사건이나 역사적 사건의 원인이나 결과로서 파악될 뿐이며 결코 그 자체로서 파악되지 않는다. 이런 의미에서 개별과학은 존재자를 '기능적으로' 사유한다. 그것은 존재자를 어떤 사건이 출현하는 데서 그것이 미치는 영향이란 측면에서 고찰한다. 단적으로 말해서 개별과학은 존재자를 '타자를 위한 기능'으로서 고찰하는 것이며 이와 함께 존재자를 그것 자체로부터 소외시킨다.

존재자는 존재 전체의 관점에서만 그것 자체로서 나타날 수 있으며, 오직 존재 전체의 관점만이 존재자를 그 자신으로부터 소외시키지 않는다. 이는 존재는 최대의 전체이기에 그것 안의 어떠한 개별적인 존재자에 대해서도 타자일 수 없기 때문이다. 그것이 어떤 존재자의 타자일 경우 그것은 또 하나의 개별적인 존재자에 지나지 않을 뿐이며 전체가 아닌 것이다. 최대의 전체로서의 존재에 대해서 모든 존재자는 한계를 갖지만 이러한 전체는 어떠한 한계도 갖지 않는다. 전체는 그 자신이 어떠한 한계도 갖지 않는 무한한 것이므로 자신의 한계를 존재자들에게 강요하지 않고 그것들을 그 자체를 향해서 해방시킨다.

이에 대해서 개별자를 전체가 아닌 어떤 특수한 집단의 한 기능인자로서 간주하거나 어떤 존재자를 위한 수단적인 기능으로 만드는 것은 그것을 타자의 한 부분으로 만들면서 그 자신으로부터 소외시키는 것이 된다. 나치즘처럼 독일민족과 같은 특정한 집단을 전체로 선포하고 모든 존재자를 그것의 수단적인 기능으로서만 인정할 경우에 존재자들은 자기 자신으로부터 소외된다. 혹은 현대과학처럼 모든 존재자를 다른 존재자가 성립하기 위한 조건으로만 탐구할 경우에도 존재자들은 그 자신으로부터 소외된다.

하이데거의 존재물음이란 존재자들이 자신의 고유한 존재 내지 진리를 드러낼 수 있는 가장 포괄적인 장은 어떠한 성격을 가지며 이러한 장으로 우리는 어떻게 하면 진입할 수 있는가에 대한 물음이라고 할 수 있다. 이러한 보편적인 장은 모든 개체의 고유성이 발현되도록 하는 장이다. 인간 개개인도 이러한 장에서 자신의 독자성과 고귀함을 경험하게 된다. 하이데거가 말하는 존재는 인간 개개인이 사회의 기능체계의 한 기능으로 환원될 수 없는 단독적인 자기가 되면서도 모든 존재자가 자신을 발현하도록 허용하는 최대의 포괄적인 장인 것이다. 하이데거는 후기에 이르러서는 이러한 장을 하늘과 대지 그리고 신과 인간이 어울려 있는 근원적인 세계로서의 사역Geviert이라고 부르고 있다.

우리는 앞에서 인간을 그것에서 모든 존재자의 고유한 존재가 드러나는 장이라는 점에서 현-존재라고 불렀지만, 그 이전에 인간은 모든 존재자 각각에게 고유한 본질을 증여하는 존재에 나가 있고 존재의 진리가 자신을 개시하는 곳이라는 의미에서 현-존재인 것이다.

세창사상가산책 | MARTIN HEIDEGGER

2

근본기분과 세계의 근원적인 개현

우리는 앞에서 존재자들의 고유한 존재는 전체로서의 존재의 개현을 통해서만 일어날 수 있다는 사실을 보았다. 우리가 존재자들의 고유한 존재를 존재자들의 진리라고 할 경우 전체로서의 존재는 이러한 진리를 가능하게 한다는 점에서 근원적인 진리라고 할 수 있을 것이다. 그런데 이러한 진리는 어떻게 개시될 수 있는가? 하이데거는 이러한 진리는 불안이나 경이와 같은 근본기분을 통해서 개시된다고 말하고 있다. 이 말을 이해하기 위해서는 우선 하이데거의 인간이해를 먼저 살펴보아야 한다.

1
실존으로서의 인간

인간 개개인은 우주적인 관점에서 고찰할 경우에는 무한한 공간과 시간 속에서 사멸하는 덧없는 존재에 불과하며, 사회적인 관점에서 고찰해도 사회 전체의 한 구성인자에 지나지 않는다. 이에 반해 각 개인의 관점에서 보면 우리 자신은 우주의 중심이고 우주는 멸망할지언정 자기 자신은 소멸되어서는 안 되는 가장 소중한 존재다. 그러나 우리는 또한 우리 각자가 이 세계에 무력하게 던져져 있다는 사실을 잘 알고 있다. 이러한 무력함은 우리가 결국은 죽음에 처해 있는 존재라는 사실에서 극명하게 나타나 있다.

우리 각자는 이렇게 자신이 처한 무력한 상황을 의식하면서 이러한 상황에서 어떻게 하면 자신의 소중함을 명실공히 구현할 수 있는지를 고뇌하는 존재다. 다시 말해서 우리 인간은 생성 소멸하는 세계의 한가운데에 처해 있으면서 어떻게 살아야 하는지를 묻는 존재인 것이다. 동물 역시 인간과 마찬가지로 생성 소멸하는 세계의 한가운데에 던져져 있지만 자신의 소중함도 자신의 무력함도 의식하지 못하기에 그것은 자신이 어떻게 살아야 할 것인지를 묻지 않는다. 오직 인간만이 자신이 어떻게 살아야 할 것인지를 묻는다. 하이데거는 인간만이 갖는 이러한 독특한 존재성격을 실존이라고 부르면서

'인간의 본질은 실존에 있다'고 말하고 있다. 전통적으로 인간은 이성적 동물로서 규정되어 왔고 인간과 다른 동물들의 차이는 인간이 이성적인 능력을 갖추고 있다는 데서 찾아졌다. 하이데거는 이에 대해서 인간의 가장 고유한 특성을 인간이 자신의 존재를 문제 삼을 수 있다는 데서 찾고 있는 것이다.

하이데거는 인간이 갖는 이러한 실존적 성격을 '인간은 그의 존재에 있어서 자신의 존재를 문제 삼는다'는 식으로 표현하고 있다. 인간이 '자신의 존재에 있어서 자신의 존재를 문제 삼는다'고 할 때 '자신의 존재에 있어서'라는 말은 인간은 자신이 원하든 원하지 않든 간에 자신의 존재를 문제 삼도록 운명지어져 있다는 근본적인 사실을 가리킨다. 인간은 인간인 이상 자신을 문제 삼도록 던져져 있는geworfen 것이다. 이에 대해서 '자신의 존재를 문제 삼는다'는 것은, 인간의 삶은 물질처럼 인과법칙에 의해서 규정되는 것도 아니고 다른 동물들처럼 본능에 의해서 규정되는 것도 아니며 인간은 자신이 어떻게 살 것인지를 기투하고 그러한 기투에 따라서 살아간다는 것을 의미한다.

그런데 인간이 자신의 존재를 문제 삼을 때 문제가 되고 있는 인간은 보편적인 인간 일반이 아니라 자신만의 고유한 과거와 꿈을 가진 각자적인 개인으로서의 우리들 자신이다. 인간이 자신의 존재를 문제 삼을 경우 '인간 일반은 왜 존재하며 어떻게 살 것인가'를 문제 삼기 전에 '나는 왜 존재하며, 어떻게 살 것인가'라고 묻는다. 인간에게는 무엇보다도 자신의 고유한 존재 가능성이 문제가 되며, 자신의 고유한 존재 가능성을 실현하는 것이 본질적인 과제로서 부과되어 있다. 따라서 현존재는 자신의 고유한 존재 가능성을 실현하는 것을 통해서만 자신이 진정으로 존재한다는 실감을 가질 수 있으며 그렇지 않으면 항상 자신의 존재에 대해서 공허감과 권태를 느끼게 된다.

또한 하이데거가 인간을 '자신의 존재를 문제 삼는 존재'로 규정할 때 그가 궁극적으로 염두에 두고 있는 것은 인간은 자신의 존재 '전체'를 문제 삼을 수 있다는 사실이다. 오직 인간만이 자신의 존재 전체를 문제 삼을 수 있다. 이 경우 문제되는 것은 나의 특정한 성격이나 능력 혹은 현재의 상태가 문제되는 것이 아니라, 탄생에서 죽음에 이르는 나의 존재 전체인 것이다. 하이데거가 인간을 자신의 존재 '전체'를 문제 삼을 수 있는 존재로 본다는 것은 인간을 육체와 이성의 결합체로 보거나 혹은 이론적 능력과 도덕적 능력 등 다양한 능력의 집합체로 보는 견해도 부인하는 것이라고 할 수 있다. 인간의 존재는 본질적으로 그러한 분리를 넘어서는 하나의 전체이기에, 인간은 자신의 존재 '전체'를 문제 삼을 수도 있는 것이다.

2
불안과 죽음 그리고 세계의 근원적인 개현

우리 인간은 이렇게 자신의 존재를 문제 삼으면서 자신의 고유한 가능성을 발견하고 실현하라는 명령 아래 존재하지만, 우리는 우선 대부분의 경우 자신의 고유한 가능성에 따라서 살지 않는다. 오히려 우리는 자신이 태어날 때부터 던져져 있는 세간世間이 인정하는 가치를 자신의 고유한 가능성으로 생각하면서 그것을 실현하기 위해서 자신의 온 힘을 바친다. 우리는 세간에서 좋은 대학에 들어가고 고액의 연봉을 받는 기업에 들어가거나 고시에 합격하는 것이 인간이 실현해야 할 훌륭한 가능성으로 간주되기 때문에 그러한 가능성이야말로 자신의 삶을 진정으로 충만하게 해 줄 가능성으로 생각한다.

하이데거는 이렇게 세간의 가치를 자신의 고유한 가능성으로 착각하면서 사는 삶의 방식을 비본래적인 실존이라고 부르고 있다. 그리고 이렇게 비본래적인 실존을 사는 사람은 진정한 의미의 자기를 상실하고 세상의 뜻에 편승하는 사람이라는 의미에서 세상 사람이라고 부르고 있다. 우리는 흔히 자신이 자신의 주체적인 뜻에 따라서 사고하고 느낀다고 생각하지만 실은 세간이 마련해 준 기준에 따라서 사고하고 느끼는 것이다. 이러한 의미에서 하이데거는 우리는 본래적인 자기로서 살지 않고 오히려 세상 사람으로서 살고 있다고 말한다.

이렇게 세상 사람으로서 살면서 우리는 세간의 가치를 얼마나 잘 구현하고 있는지를 서로 비교하면서 이러한 비교에서 우위를 점하려고 노력한다. 따라서 우리가 세상 사람으로 살 때 서로에 대해서 표면적으로는 우호友好를 가장하지만 이면에서는 서로 간에 질시와 반목이 지배하게 된다.

그런데 우리는 이렇게 진정한 자기를 상실하고 세상 사람으로 살면서 다른 인간과 경쟁하는 가운데 문득문득 세상 사람으로서의 삶이 허망하다고 느끼게 된다. 하이데거는 이러한 기분을 불안이라고 부르고 있다. 불안이란 기분에 엄습되면서 우리는 자신이 그동안 추구해온 세간적인 가치들을, 예를 들어 훌륭한 교수가 된다거나 부자가 된다든가 하는 것들을 허망한 것으로 경험하게 되는 것이다.

이렇게 우리의 삶을 지배했던 허구적인 가치들이 허망한 것으로서 드러나고 우리의 삶의 표면에서 미끄러져 사라지는 entgleiten 것과 함께 탄생에서 죽음에 이르는 우리의 삶의 실상이 적나라하게 드러나게 되며, 이와 함께 우리는 '내가 존재한다'는 적나라한 사실 앞에 세워지게 된다. 그러나 자신이 존재한다는 적나라한 사실이 드러날 뿐 자신이 어디서 오고 어디로 가는지는 어둠에 싸여 있다. 불안이라는 기분에서 우리의 삶은 이제 더 이상 자명하고 친숙한 것이 아니라 불가해하고 수수께끼 같은 것으로 드러나게 되는 것이다.

우리가 어디서 오고 어디로 가는지가 이렇게 은폐되어 있을수록, 우리 인간의 존재성격, 즉 '그 자신이 아무런 이유도 근거도 주어지지 않은 채로 존재하면서도 존재해야만 하는 존재'라는 사실은 더욱더 또렷하게 분명해지면서 우리를 짓누르게 된다. 우리가 이렇게 아무런 이유도 근거도 없이 존재해야 한다는 사실을 인간은 견딜 수 없으며, 이 경우 우리 자신의 존재는 우리가 아무런 이유도 근거도 없이 짊어져야만 하는 짐으로서 나타나게 된다.

이렇게 불안이란 기분을 통해서 우리에게 자신의 적나라한 존재가 개시되고 이러한 낯선 존재가 짐으로서 우리를 짓누르기 때문에 우리는 자신의 존재를 문제 삼을 수밖에 없게 된다. 다시 말해서 우리는 자신을 짓누르는 존재의 무게에서 벗어나기 위해서 자신이 어떻게 살아야 하는지를 고뇌할 수밖에 없는 것이다.

'우리가 아무런 이유도 근거도 주어지지 않은 채로 존재하면서도 그러한 존재를 자신의 존재로서 떠맡아야만 한다는 사실'을 하이데거는 내던져져 있음Geworfenheit이라고 부르며, 우리 인간의 이러한 존재성격을 현사실성Faktizität이라고 부른다. 인간이 갖는 이러한 현사실적 성격은 불안이란 기분에서 가장 분명하면서도 직접적으로 드러나지만 다른 기분에서도 간접적이고 은폐되어 있는 방식으로 드러나 있다.

우리는 항상 어떤 기분 속에 있으며, 좋은 기분이나 나쁜 기분 혹은 고양된 기분이나 짓눌리는 듯한 기분 속에서 존재한다. 우리가 기분과 무관하게 무덤덤한 상태에 있는 것처럼 보일 때조차도 인간은 사실은 그렇게 무덤덤한 기분 속에 있는 것이다. 우리는 종종 불쾌한 기분을 전환하려고 하지만 그러한 전환도 불쾌한 기분을 다른 기분으로 바꾸는 것일 뿐이며, 우리가 항상 어떤 기분 속에 있다는 사실에는 변함이 없다.

이러한 기분들 속에서 우리의 존재는 직접적으로든 간접적으로든 짐으로서 개시되어 있다. 우리는 무엇보다도 불쾌한 기분 상태에 있을 때는 자신의 존재를 참을 수 없는 짐으로 여기게 되고 기분이 고양될 때는 자신의 존재를 짐으로 느끼는 상태에 벗어나게 되지만, 이러한 고양된 기분의 가능성이 다시 우리의 존재가 일차적으로 우리에게 짐으로서 주어져 있다는 사실을 개시한다.

그러나 대부분의 기분에서는 '우리의 존재가 아무런 이유도 근거도 없이 주어져 있다'는 사실은 직접적으로가 아니라 간접적으로만 나타나 있다. 그것들에서는 우리에게 자신의 존재가 종종 견딜 수 없을 정도로 불쾌하고 자신을 짓누르는 것으로 나타날지라도 우리는 보통 우리가 처해 있는 삶의 조건들이 우리의 바람에 부응하지 않기 때문에 자신의 존재가 그렇게 나타난다고 생각한다. 그리고 우리는 그러한 조건들만 바뀌면 자신의 삶도 견딜 만한 것으로 나타나고 자신의 기분도 바뀔 것이라고 생각한다.

그러나 앞에서 언급한 불안이란 기분에서는 '자신의 존재가 자신이 아무런 이유도 근거도 없이 짊어져야 할 짐으로서 주어져 있다'는 사실이 우리가 어떠한 조건에 처해 있는가와 전혀 상관없이 단적으로 개시된다. 불안이란 기분은 일상의 모든 일이 가장 순조롭게 진행될 경우에도 우리를 엄습하면서 우리의 '던져져 있음'을 개시한다. 이렇게 불안이 시도 때도 없이 어떠한 장소에서도 우리를 엄습하고 있다는 것은 그것이 우리 안에 항상 잠복해 있으면서 우리를 엄습할 기회만 노리고 있다는 것을 의미한다.

사람들은 흔히 눈앞의 사물에 대한 이른바 객관적인 인식이 갖는 확실성을 기준으로 내세우면서, 불안이란 기분을 통해서 드러나는 우리 인간의 내던져져 있음이 갖는 명증성을 한갓 주관적인 것으로 무시한다. 그러나 이러한 명증성은 그 어떠한 이론적인 확실성보다도 더 분명하게 우리의 현사실적인 근본상황을 드러내는 것이다. 불안을 통해서 드러나는 우리 인간의 던져져 있음이 갖는 명증성을 주관적인 것으로 보는 것 못지않게 현상을 왜곡하는 것은 기분이라는 현상을 한갓 비합리적인 것에 지나지 않는 것으로 간주하는 것이다. 그러나 기분은 비합리적인 현상이 아니라 오히려 우리 자신의 존재를 적나라하게 드러내는 현상이다. 우리 자신의 존재는 모든 인식과 의지 이전에 그리고 인식과 의지의 개시범위를 훨씬 넘어서 항상 기분을 통해서 자기 자신에게 개시되어 있다. 기분은 우리 인간의 근원적 존재양식인 것이다.

불안은 세상 사람으로서 우리가 추구했던 모든 가능성을 무의미한 것으로 드러내는 방식으로 우리 자신을 세상 사람으로부터 이해할 가능성을 우리에게서 박탈한다. 이와 함께 불안은 우리를 '단독적인 자기solus ipse'로서 단독자화하면서 우리 자신의 '본래적인 가능성'을 향해서 되던진다. 그러나 이러한 실존론적 유아론唯我論이 우리를 무세계적無世界的인 공허함 속에 고립시켜 놓는 것은 아니다. 그것은 오히려 우리를 그동안 은폐되어 있었던 근원적인 세계에 직면하게 한다.

인간이 불안에 의해서 엄습될 때 우리 자신을 비롯하여 모든 존재자의 존재가 낯선 것으로서 자신을 드러냈었다. 그러나 우리가 불안에서 도피하지 않고 불안을 흔쾌하게 수용하면서 세간적인 가치들에 대한 집착에서 진정으로 벗어날 때 우리 자신을 비롯한 모든 존재자가 자신의 존재를 더 이상 낯설게 드러내는 것이 아니라 신비롭고 경이로운 것으로서 드러낸다. 이와 함께 불안이란 기분은 기쁨을 수반하는 경이라는 기분으로 전환되고, 우리는 모든 존재자가 자신의 고유하면서도 경이로운 존재를 드러내는 근원적인 세계 안으로 진입하게 된다.

따라서 불안이란 기분의 궁극적인 본질은 다음과 같은 이중적인 사건이 일어나는 기분이라는 데에 있다. 그것은 한편으로는 세간적인 가치의 무의미성을 드러내면서 우리 자신을 비롯한 모든 존재자의 존재를 그러한 세간적인 가치로 환원될 수 없는 낯선 것으로 드러낸다. 다른 한편으로 그것은 우리가 불안이란 기분을 흔쾌히 인수하면서 세간적인 가치들에 대한 집착에서 벗어날 때 그것은 경이라는 기분으로 변화되면서 나를 비롯한 모든 존재자의 신비롭고 경이로운 존재가 자신을 드러낸다.

그런데 초기의 하이데거는 불안이란 기분과 경이라는 기분을 분리시키지 않고 모든 존재자의 신비롭고 경이로운 존재를 경험하게 되는 것까지도 불안이란 기분에서 일어나는 것으로 표현하고 있다. 곧 하이데거는 불안이라는 근본기분에서 현존재는 존재자 전체가 '있다daß Seiedes ist'는 사실의 기적을 경험하게 된다고 말하고 있는 것이다. 불안이란 기분에 엄습되기 전에는 '존재자가 존재한다'는 사실은 그것들이 단순히 우리의 눈앞에 존재한다는 것을 의미했으며, 그것은 우리에게 전혀 관심의 대상이 되지 않을 정도로 자명한 사실이었다. 그러나 이제는 '존재자가 존재한다'는 사실 자체가 경이롭게 빛을 발하는 것으로 우리에게 드러나는 것이다.

예를 들자면 이러한 경험에서 내가 현재 보고 있는 장미는 그전에 보았던 것과 동일한 장미이다. 그것에서는 아무런 속성도 변화하지 않았다. 그럼에도 장미는 이제 자신의 '존재'를 드러낸다. 우리는 보통 칸트Kant와 마찬가지로 존재는 아무런 실질적인 내용도 없으며 그것은 단순히 존재자가 우리의 감각대상으로서 '존재하고 있다'는 것을 의미한다고 생각한다. 어떤 존재자의 존재 여부는 그 존재자의 내용적인 속성과는 전혀 무관하다고 우리는 생각하는 것이다. 그러나 장미는 이제 자신의 '존재'를 드러내고 우리는 그것을 그전과는 전혀 다르게 경험하게 된다. 우리는 장미가 '존재하고 있다'는 사실에 새삼스럽게 경탄하게 된다. 이런 의미에서 하이데거는 불안의 경험에서 존재자는 '더 존재하게' 된다seiender고 말하고 있다.

하이데거는 이러한 의미에서 존재에 대한 경험, 혹은 존재에 대한 감수성Sensibilität을 말하고 있다. 근대의식철학에서는 감각적인 자료만이 감수성의 대상이 된다고 생각한 반면에 하이데거는 존재 자체를 우리가 경험할 수 있다고 생각한다. 그것은 존재자들에 깃들어 있는 존재의 오로라를 경험하는 것이다. 물론 이러한 빛은 우리가 감각기관을 통해서 감각할 수 있는 것은 아니다. 우리의 감각기관이 지각하는 것은 어떤 사물의 감각적인 속성들일 뿐 그 사물의 존재 자체는 아니다. 존재의 빛은 우리가 우리의 감각기관을 통해서 지각할 수 있는 것이 아니라 우리의 실존 전체를 통해서 감지하는 것이다. 이러한 빛을 감지하게 될 때, 우리는 새삼 이 장미가 '존재한다'고 말하게 된다.

이 경우 장미가 '존재한다'는 것은 그것이 단순히 우리의 눈앞에 존재한다는 것을 넘어서는 근원적인 의미를 갖게 된다. 장미는 이제 스스로 자신을 열면서aufgehen 나에게 다가오는angehen 것으로서 존재한다. 하이데거는 장미가 존재하는 이러한 근원적인 방식을 임재한다anwesen고 말하고 있다. '존재자가 눈앞에 존재한다'는 전통적이고 일상적인 존재의미는 '존재자가 임재한다'는 근원적인 존재의미가 퇴색한 것이다. 존재자가 단순히 눈앞에 존재한다는 것은 존재자가 우리를 사로잡는 힘을 잃어버리고 한갓 이론적인 혹은 미학적인 고찰의 대상으로 전락해 버린 것이다.

불안이란 기분에 엄습되기 이전과 그 이후의 장미는 물리적인 차원에서 볼 때 변한 것은 없다. 다만 그 장미를 보는 우리의 태도가 변했을 뿐이다. 그전에 우리는 장미를 우리가 임의로 처분할 수 있는 단순한 대상으로 보았다면 그것은 이제 충만한 빛과 무한한 깊이를 갖는 사물Ding로서 나타난다. 하이데거는 존재자가 우리가 보고 즐기는 대상이 아니라 고유한 깊이와 수수께끼를 갖는 것으로서 나타날 때 그것을 사물이라고 부른다.

그런데 이렇게 장미가 새롭게 자신을 드러내는 것이 결국은 우리의 태도 변화에 의한 것이라면 장미가 갖는 충만한 빛과 무한한 깊이라는 것도 사실은 우리가 임의로 부여한 주관적인 것은 아닐까? 그러나 우리가 '장미가 존재하고 있다'는 기적을 경험하게 될 때 일어나는 사태를 있는 그대로 볼 경우 우리는 우리 자신을 장미에게 이러저러한 의미를 부여하는 주체로서가 경험하는 것이 아니라 오히려 장미에서 발산되는 존재의 빛에 사로잡히게 되는 것으로서 경험한다.

이러한 경험에서는 우리가 장미를 앞에 세우고 그것을 이렇게 저렇게 규정하는 것이 아니라 장미 자체가 우리를 사로잡으면서 자신 앞에 세우는 것이다. 이러한 경험에서 인간은 더 이상 주체가 아니라 장미에서 발하는 존재의 빛에 나아가 있는 현-존재Da-sein이다. 현-존재란 단순히 사물을 대상으로서 서로 비교하고 우리의 이해관심에 따라서 이용하는 인간이 아니라 사물들에서 발하는 존재의 빛에 매료되어서 사물들을 외경畏敬의 염念으로 대하는 인간이다.

3
죽음에 대한 불안으로서의 불안

그런데 불안은 궁극적으로는 '죽음에 대한' 불안이다. 불안이란 기분에서 현존재의 실존적 성격, 즉 자신의 존재 전체를 문제 삼는 현존재의 본질적인 성격이 가장 분명히 드러난다. 그런데 인간이 탄생에서 죽음에 이르는 자신의 존재 전체가 갖는 수수께끼를 가장 첨예하게 의식하게 되는 것은 죽음을 의식할 때이다. 이런 점에서 불안은 항상 자신의 삶 한가운데에 침입해 와 있는 죽음에 대한 불안이며, 죽음이 우리에게 자신을 근원적으로 고지하는 방식이다.

현존재가 자신의 죽음에 내맡겨져 있다는 사실과 이에 따라 죽음이 세계-내-존재에 속한다는 사실에 대해서 우선 대부분의 경우에는 어떠한 명확하거나 이론적인 지식을 갖고 있는 것이 아니다. 죽음에 내던져 있다는 사실은 현존재에게 불안이란 정태성情態性, Befindlichkeit 안에서 보다 근원적이고 보다 철저하게 드러난다.*

죽음에 대한 불안에 사로잡히기 전에 우리는 세간적인 가치들을 추구하는 데 몰두해 있었지만 죽음의 위협 앞에서 우리의 관심은 자신의 존재 자체에 모아지게 된다. 이때 우리는 자신의 존재를 아무런 이유나 근거도 없이 이 세계에 내던져 있는 섬뜩하고 낯선 것으로서 발견하게 됨과 동시에 이 수수께끼 같은 '존재'를 '자신의' 존재로서 인수하고 떠맡아야만 하는 짐Last으로 발견하게 된다. 이와 함께 우리는 자신의 적나라한 존재라는 짐을 떠맡아야 할지, 아니면 그것에서 도피해야 할지에 대한 선택 앞에 서게 된다. 우선 대부분의 경우 우리는 그것에서 도피하여 사회가 그동안 우리에게 떠받들도록 주입한 우상들에서 삶의 안전을 찾으려고 한다. 우리는 돈이나 권력, 사회적 평판, 민족과 국가, 혹은 피안의 영원한 신과 같은 가치들에 의존하는 것을 통해서 죽음의 위협 앞에서 벗어나려고 한다.

* M. Heidegger, *Sein und Zeit*, Tübingen, Max Niemeyer, 1972, 251쪽.

그러나 우리는 죽음을 피할 수 없기에, 죽음이 자신을 고지해 오는 불안이 우리 존재의 밑바닥에서 항상 일렁거리고 있다. 우리는 다만 그것이 우리의 의식표면에 오르지 못하도록 억누르고 있을 뿐이다. 그러나 우리가 죽음을 피할 수 없는 한 우리는 죽음에 대한 불안에서 전적으로 벗어날 수는 없으며, 불안이 전면적으로 나타나지 않고 억압될 경우 불안은 공포로 변형되어 나타난다. 다시 말해서 죽음에 대한 불안은 내가 일상적인 삶에서 집착하는 세간적인 가치들의 구현을 방해할 가능성이 있는 것들에 대한 두려움으로 변형되는 것이다.

불안이 죽음에 직면해 있는 우리 자신의 낯설고 섬뜩한 존재에 대한 불안이라면, 공포는 우리가 집착하는 특정한 세간적인 가치들의 구현이 방해를 받을까봐 두려워하는 것을 말한다. 따라서 공포의 대상은 그러한 가치들의 구현을 방해하는 특정한 사건들이다. 이러한 공포에서는 죽음마저도 인간을 자신의 적나라한 존재 앞에 직면케 하는 비밀에 찬 사건으로서 나타나는 것이 아니라 인간이 집착하는 수명이나 재산과 같은 것들을 위협하는 것으로서 나타나며 의학의 발전을 통해서 격퇴되어야 할 재앙으로서 나타난다. 공포는 비본래적인 실존방식에서 불안이 나타나는 방식이다. 이런 의미에서 불안은 그것으로부터 우리가 아무리 도피하더라도 우리의 실존을 철저하게 지배하고 있는 것이다.

4
죽음으로의 선구와 경이라는 근본기분

불안이란 기분에서 죽음은 우선은 우리를 위협하는 낯선 힘으로서 나타나며 이와 동시에 우리 자신의 존재도 죽음에 직면해 있는 섬뜩하고 낯선 것으로 나타나게 된다. 이는 우리가 죽음이 허망한 것으로 만들어 버리는 세간적인 가치들에 대한 집착에서 아직 벗어나지 못했기 때문이다. 우리는 한편으로는 죽음 앞에서 그러한 가치들이 허망하다는 사실을 알면서도 다른 한편으로는 아직 그러한 가치들에 대한 집착을 떨쳐 버리지 못하고 자신의 존재를 그러한 가치들로부터 이해하려고 한다. 그리고 그러한 가치가 죽음 앞에서 허망한 것으로 이미 드러났기 때문에 우리는 우리 자신의 존재도 허망하게 죽음을 향해 흘러가는 낯설고 섬뜩한 것으로 나타나는 것이다.

죽음 앞에서 우리의 존재가 낯설고 섬뜩하게 드러난다는 것은, 우리의 본래적인 존재가 우리가 보통 집착하는 세간적인 가치들로 환원할 수 없는 신비와 깊이를 가지고 있다는 사실이 은폐된 방식으로 드러난 것이다. 따라서 우리가 그러한 존재자들에 대한 집착에서 완전히 벗어날 때, 우리는 그것들로 환원될 수 없는 우리 자신을 비롯한 다른 모든 존재자의 충만하면서도 고귀한 존재에 직면하게 된다. 이 경우의 나 자신의 충만한 존재를 하이데거는 자기Selbst라고 부르고 있다.

그것은 보통 우리가 말하는 자아와 전적으로 다른 것이다. 보통의 자아는 그러한 진정한 자기가 아니라 다른 인간과의 비교를 통해서 획득된 자아이다. 그것은 불교식 용어로 말하면 분별아이다. 그것은 다른 사람들보다 돈이 더 많거나 사회적 지위가 높은 나이며 다른 사람들보다 더 성격이 좋은 나이다. 그러나 그것들은 어디까지나 나의 부분적인 속성일 뿐이며 나의 존재 자체는 아니다. 아울러 나의 존재는 그러한 부분적인 속성들의 집합이 아니다.

우리 자신의 진정한 자기가 드러남과 동시에 우리가 관계하는 다른 존재자들도 더 이상 우리 자신의 이해관심이나 욕구를 충족시키기 위한 수단이나 도구로 나타나는 것이 아니라 그 자체의 고유한 본질을 갖는 독자적인 존재로서 나타나게 된다. 죽음은 이런 의미에서 우리의 존재와 우리가 소중하게 생각하는 모든 것을 앗아가는 재앙이 아니라 오히려 우리로 하여금 우리 자신을 비롯한 모든 존재자의 고유한 존재를 환히 드러내주며 그것들에 대한 감각을 눈뜨게 한다.

죽음이 우리에게 우리 자신을 비롯한 존재자 전체의 유일무이의 고유한 존재를 드러내어 주는 사건으로서 이해될 때, 우리는 더 이상 자신의 존재를 짐으로 생각하지 않고 선물로서 생각하게 된다. 이때 우리를 지배하는 기분은 이제 더 이상 불안이 아니라 기쁨과 행복이 수반되는 경이다. 현존재는 경이라는 근본기분에 진입하지 않는 한, 불안과 불안에서 고지되는 자신의 존재의 짐에서 벗어날 수 없다. 일상적인 세계가 제공하는 그 어떠한 우상을 통해서도 현존재는 자신이 지고 있는 짐에서 해방될 수 없으며 현존재는 항상 자신의 존재에 의해서 억눌린 듯한 상태에서 살아야 한다. 다시 말해서 불안에서 도피하여 일상적인 세계가 제공하는 우상으로 도피하는 사람들은 불안의 변양태變樣態들인 공포와 우울 그리고 권태에서 벗어날 수 없다.

하이데거는 죽음의 위협 앞에서 드러나는 자신의 섬뜩하고 낯선 존재에서 도피하지 않고 그것을 받아들이는 동시에 세간적인 가치에 대한 집착을 다 끊는 것을 죽음으로의 선구, 즉 '죽음으로 자각적으로 앞서 달려감'이라고 말하고 있다. 불안이 우리를 본래적인 실존의 문턱으로 이끄는 기분이라면, 불안이란 기분을 적극적으로 인수하면서 죽음으로 선구하는 것이 본래적인 실존으로 비약하는 것을 의미하며 이와 함께 불안이란 기분이 경이로 전환하는 사건이다. 그리고 이러한 경이에서 모든 존재자의 고유한 존재가 자신을 드러내는 근원적인 세계가 개현되는 것이다. 이런 의미에서 죽음으로의 선구야말로 세계가 근원적으로 자신을 개현하기 위해서 현존재가 수행하지 않으면 안 되는 실존적인 수행이다.

5
왜 세계는 죽음으로의 선구를 통해서 근원적으로 개시되는가?

그런데 왜 세계는 하필 죽음으로의 선구를 통해서 근원적으로 개시되는가?

후기의 하이데거는 죽음을 존재가 무의 형태로 자신을 내보이는 것이라고 보고 있다. 죽음은 대상화될 수 있는 존재자가 아니다. 그것은 그 어떠한 존재자가 아니라는 의미에서 무das Nichts이다. 그러나 이 무는 공허한 무가 아니고 우리에게 우리 자신뿐 아니라 모든 존재자의 고유한 존재를 드러내 준다는 점에서 전체로서의 존재가 자신을 은폐하는 방식으로 나타난 것이다. 죽음은 후기 하이데거의 용어를 빌리면 존재의 집수처集収処, Gebirge이다.

그런데 죽음은 어떻게 해서 전체로서의 존재가 현존재에게 자신을 드러내면서 '현존재를 포함한 모든 존재자의 고유한 존재가 개시되는 근원적인 세계'가 열리게 하는 통로가 될 수 있는가? 하이데거는 이에 대해서 자세하게 말하고 있지 않다.

다음은 필자 나름대로의 생각이다.

현존재는 탄생과 죽음을 통해서 전체의 순환에 편입되게 된다. 인간은 자신이 세계에 대해서 주체라고 생각함에도 불구하고 탄생과 죽음을 통해서 불가항력의 존재 전체에 포섭되어 있는 것이다. 이런 의미에서 죽음이란 우리가 이미 그 안에서 태어났고 그 안에서 살며 그 안으로 소멸해 들어가는 존재 전체가 자신을 알리는 통로이다. 따라서 하이데거가 말하는 죽음으로의 선구란 전체가 자신을 알리는 길로의 진입이다. 물론 인간뿐 아니라 다른 존재자도 역시 죽는다. 그러나 인간이 다른 존재자들에 대해서 갖는 차이는 인간은 단순히 전체의 순환으로 편입되는 것이 아니라 죽음 앞에서 자신의 존재의미를 물을 수 있다는 데에 있다.

죽음이 전체로서의 존재가 자신을 알리는 통로인 한, 인간이 자신이 죽음에 던져져 있음을 자각하게 되는 기분인 불안은 죽음에 대한 불안이지만 결국은 존재 전체에 대한 불안이다. 그것은 자신이 불가해한 존재 전체에 내던져 있다는 사실 앞에서의 불안이다. 불안이란 기분에 엄습됨으로써 우리가 그 이전에 세상 사람의 해석을 통해서 존재 전체 위에 덮어씌

웠던 의미란 모두가 공허하고 무상한 것이었다는 사실이 드러난다. 이렇게 존재 전체 위에 씌워졌던 왜곡된 의미가 걷혀지면서 나 자신을 비롯한 모든 존재자의 고유한 존재가 드러나게 된다.

따라서 불안과 죽음으로의 선구에서 일어나는 퇴락한 의미의 붕괴는 의미의 부정이 아니라 근원적인 의미의 전개를 위한 기초가 된다. 후기 하이데거식으로 말하자면 죽음은 존재의 충만한 의미가 집수되는 가장 극단적인 가능성인 것이다. 이런 의미에서 죽음이란 우리에게서 단순히 의미를 앗아가는 사건이 아니라 우리에게 결단을 요구하는 사건이다. 그것은 우리가 일상적으로 의미 있는 것으로 생각하면서 집착하는 세간적인 가치들에 예속되어 있는 상태에서 우리 자신을 해방시킬 것을 촉구하는 것과 동시에 죽음을 통해서 고지되는 존재에 자신을 열고 그러한 존재의 빛 안에서 자신을 비롯한 모든 존재자의 충만한 존재를 경험할 것을 촉구하는 것이다.

하이데거에게서 죽음이란 사건이 중요한 의의를 갖는 것은, 인간은 항상 자신을 독립된 주체로 생각하지만 이러한 생각을 분쇄하면서 자신이 존재 전체에 이미 던져져 있고 이러한 존재 전체를 개시하도록 운명지어진 존재라는 것을 깨닫게 해주는 사건이 죽음이기 때문이다. 죽음은 현존재의 존재의미가 존재의 소리에 응답함으로써 모든 존재자의 고유한 존재를 드러내는 데 있다는 것을 알려준다.

후기의 하이데거는 이런 의미에서 인간을 '죽을 자das Sterbliche'라고 부르고 있다. 이 말로 하이데거는 인간이 다른 동물처럼 단순히 사멸하는 존재라는 사실이 아니라 인간이 다른 존재자들과는 달리 '죽음을 죽음으로서 인수할 수 있는 존재'라는 사실을 가리키고 있다. 인간은 죽음을 인수함으로써 자신이 존재 전체에 대한 주체라는 생각을 버리고 자신이 '죽음을 통해서 자신을 고지해 오는 존재 전체'에 내맡겨져 있다는 사실을 자각하게 된다. 이와 함께 그는 자신을 존재 전체를 자신의 지배 아래 두려는 의도를 버리고 자신을 존재 전체가 존재자들을 통해서 자신을 드러내는 데 기여하는 현-존재로서 생각하게 된다. 이런 의미에서 하이데거가 인간을 '죽을 자'라고 말할 경우 그것은 인간이 죽음을 인수함으로써 존재 자체에 응답하는 현-존재라는 것을 의미한다.

현존재의 본질이 이렇게 존재의 소리에 응답하는 데에 있을 경우 현존재는 존재의 소리에 응답할 경우에만 진정한 인간이 되며 자신의 존재에 대해서 진정한 만족과 행복을 얻을 수 있다. 이는 아리스토텔레스Aristoteles가 인간을 이성적 동물로 보면서 인간이 자신의 이성을 충분히 실현할 경우에만 행복할 수 있다고 말하는 것과 마찬가지이다. 다만 아리스토텔레스가 인간이 가질 수 있는 최고의 이성적인 능력을 형이상학을 수행하는 이론적인 능력으로 보는 반면에, 하이데거는 그러한 이성의 근원으로 되돌아가려고 한다. 하이데거에게 이성은 존재의 소리에 응답하는 것이고 이를 통해서 존재자 전체의 고유한 존재를 경험하는 것이다.

인간은 존재의 신비에 귀를 기울일 수 있을 경우에만 내적으로 충만한 존재가 된다. 인간이 이렇게 내적인 충만을 확보하지 않는 한 인간은 항상 자신을 짓누르는 삶의 공허함에서 벗어나기 위해서 다른 인간과 사물들을 수단으로 이용할 수밖에 없게 된다.

6
죽음과 인간 그리고 존재

현존재가 죽음으로 선구하면서 열리는 근원적인 세계는 모든 존재자가 자신의 고유한 존재를 드러내게 되는 최대의 열린 터이지만, 이러한 열린 터에서는 각각의 현존재도 자신의 독자성을 발견하게 된다. 존재 자체는 죽음을 통해서 자신을 고지하지만 이와 함께 현존재 각자의 고유성과 독자성을 박탈하고 자신 속에 흡수하는 것이 아니라 오히려 각각의 현존재를 자신의 고유성과 독자성으로 해방시키는 것이다. 하이데거가 말하는 죽음으로의 선구는 현존재가 죽음을 앞당겨서 자살하면서 자신을 멸각滅却시키는 사건이 아니라 오히려 현존재 각자가 자신의 존엄과 대체 불가능한 고유성을 자각하는 사건인 것이다.

이런 맥락에서 막스 뮐러Max Müller는 우리는 죽음을 통해서 우리의 생이 갖는 고귀한 일회성을 자각하게 된다고 말하고 있다. 죽음은 단순히 우리 각자의 존재를 앗아가면서 존재의 거대한 순환으로 흡수해 버리는 사건이 아니라 우리로 하여금 우리 자신의 존재와 우리가 관계하는 모든 존재자의 유일무이하고 절대적인 의미를 드러내주는 사건이라는 것이다. 죽음으로 선구할 때 우리는 더 이상 사물들의 존재를 자명하게 생각하고 그것들을 우리의 욕구충족을 위해서 이용하는 데 몰두하지 않고 그것들의 존재를 유일무이의 독자적인 것으로 보게 되면서 존중하게 된다.

다시 말해서 존재 자체가 죽음을 통해서 자신을 고지한다는 것은 존재 자체는 전통형이상학이 생각하는 것처럼 이른바 '보편적인 이성'을 통해서 파악되는 것이 아니라 오히려 단독자로서의 현존재 각자에게 자신을 고지한다는 것을 의미한다. 존재 자체는 탄생과 죽음에서 벗어나 있는 이른바 보편적이고 추상적인 이성을 통해서 드러나는 것이 아니라 탄생과 죽음에 던져져 있고 죽음 앞에서 전율하는 '철저하게 시간적인 존재'인 구체적인 인간을 통해서 개현되는 것이다.

전통형이상학이 이른바 보편적인 이성의 입장이라고 생각한 것을 하이데거는 사실은 현존재 각자가 갖는 고유성과 독자성을 제거하는 세상 사람의 입장이라고 본다. 존재는 이른바 보편적 이성의 입장을 참칭僭稱하는 세상 사람으로서의 우리가 아니라 세상 사람의 지배로부터 벗어난 단독자인 우리에게 향하는 것이다. 그리고 인간은 죽음에 대한 불안 안에서 자신을 고지하는 존재의 요구에 응답함으로써만 진정한 자기가 된다. 이 경우 자기는 그 어떤 것으로 환원될 수 없는 단독적인 것이며 이러한 단독성에도 불구하고 무조건적이고 절대적인 것이다. 왜냐하면 그는 존재라는 절대적이고 무조건적인 것이 자신을 개현하는 장이 되었기 때문이다.

물론 이는 존재자가 시간 속에서 변화를 겪듯이 존재 자체가 시간 속에서 변화를 겪는다는 것을 의미하지 않는다. 그것은 오히려 존재 자체가 존재자 전체가 자신을 드러내는 시간과 공간을 그때마다 다르게 개시한다는 것을 의미한다. 즉, 존재 자체는 각각의 현존재가 살아야 하는 시간과 공간을 개시할 뿐 아니라 하나의 역사적 시대가 기초하는 시간과 공간을 개시한다. 하이데거의 존재물음은 이렇게 존재이해의 장인 현존재를 철저하게 죽음에 직면한 유한하고 시간적인 존재로 해석함으로써 존재 자체도 시간적이고 역사적인 것으로 해석하게 되는 것으로 귀착하게 된다. 이러한 의미에서 하이데거는 존재의 궁극적인 의미를 결국 에라이크니스Ereignis, 사건로 보게 되는 것이다.

존재 자체를 이렇게 철저하게 시간적이고 역사적인 것으로 해석하면서 그것이 각자의 시간적이고 역사적인 현존재에게 향하는 것을 보게 될 경우에만 우리의 삶은 진지성을 갖게 된다. 나의 존재가 지금이라도 죽음을 통해서 끝날 수 있는 절박한 존재이고, 죽음과 닿아 있는 매 순간이 존재 자체가 자신을 고지해 오는 순간일 경우에만 충만한 기쁨과 온몸을 저리는 회한도 가능하게 된다. 다시 말해서 존재 자체가 이렇게 언제라도 죽음이 침입해 올 수 있는 순간마다 자신을 고지하면서 그때그때의 상황을 개시하는 것일 경우에만 나는 어떤 순간에 내가 충실했다는 충만한 기쁨에 사로잡힐 수도 있고 그 순간에 충실하지 못했지만 그 순간을 다시 만회하기 어렵다는 회한에 사로잡힐 수도 있는 것이다.

이런 의미에서 막스 뮐러는 죽음과 함께 우리 삶이 갖게 되는 독자성과 일회성으로 인해서 우리의 삶은 진지성을 갖게 되며 또한 이러한 진지성으로 인해서 진정한 기쁨과 행복이 가능하게 된다고 말하고 있다. 이러한 일회성으로 인해서 우리의 행위는 지금 행해져야만 하고 다시 취소할 수도 없는 행위가 되며, 우리의 성취는 그 어느 다른 순간에도 성취될 수 없는 역사적인 성취로서 지대한 의미를 갖게 되고, 우리의 시간은 권태롭게 한없이 늘어지는 시간이 아니라 진정하게 충만한 시간이 될 수 있다. 이에 대해서 죽음이 없는 세계는 모든 것이 다시 반복될 수 있는 세계이기에 우리의 모든 결단도 일회적인 성격을 잃고 언제라도 연기할 수 있으며, 모든 행복도 지금 이 순간의 일회적이고 절실한 성격을 상실하고 언젠가 다시 재현할 수 있는 것이 될 것이다. 이러한 세계에서 삶은 진지함과 절박함을 상실하고 권태롭고 무의미한 삶이 될 것이다.

이와 동일한 맥락에서 로베르트 슈패만Robert Spaemann은 이렇게 말하고 있다.

> … 인간이 영원히 산다는 것은 모든 순간, 모든 기쁨, 모든 인간적 만남이 무의미한 것으로 퇴색한다는 것을 의미한다. 우리가 지금 하고 있는 모든 것을 우리는 내일 또는 그다음 날도 똑같이 할 수 있을 것이다. 우리에게는 어떤 것도 중요하지 않게 될 것이다. 매 순간의 귀중함은 우리의 인생에서 다시는 되돌아올 수

> 없다는 사실에 있다. 영원한 삶 속에서는 어떤 것도 귀중하지 않다. 따라서 여기서 역설적인 상황이 생긴다. 삶의 종말에 대한 염려Sorge가 없다면, 의미로 충만한 현존재도 있을 수 없다.*

따라서 우리의 삶은 우리가 죽음에 눈을 감고 삶에 몰두하는 것에 의해서 충실한 것이 되는 것이 아니라 매 순간마다 죽음으로 선구하면서 자신의 삶이 죽음 앞에서도 그 의미를 상실하지 않는 무조건적이고 진지한 의미를 갖는 삶이 되도록 항상 깨어 있는 것에 의해서 충실한 것이 된다.

그러나 우리는 우선 대부분의 경우 죽음을 의식하지 않으려고 한다. 우리는 끊임없이 죽음 앞에서 도피하면서 자신의 행위가 지향해야 할 척도를, 죽음으로의 선구와 함께 개시된 근원적 세계로부터가 아니라 세상 사람에 의해서 이미 공공적으로 해석되어져 있는 세계die öffentlich ausgelegte Welt로부터 획득하게 된다. 이러한 세계에서는 존재자들은 단순히 눈앞에 존재하는 것으로서, 즉 나의 이해관심을 충족시키는 대상으

* 로베르트 슈패만 지음, 『도덕과 윤리에 관한 철학적 사유(*Moralische Grundbegriffe*)』, 박찬구, 류지한 옮김, 철학과 현실사, 2001년, 47쪽 이하.

로서만 존재한다. 세계는 이를 통해 분류가능하고 쉽게 처리될 수 있는 대상들의 총체로 전락하게 된다. 근원적인 세계가 갖는 통일성과 전체성이 퇴락한 형태인 '분산된 대상들의 합'으로서의 세계는 인간으로 하여금 다양한 존재자에 대한 추구 안에서 자신을 망각함으로써 인간을 진정한 자기로 결단해야 하는 부담에서 벗어나게 해준다.

하이데거는 『존재와 시간*Sein und Zeit*』에서 진리를 그리스어인 탈-은폐성a-letheia이라고 부르면서, 그것을 존재자의 진리를 왜곡과 은폐로부터 강탈하는 것Raub으로 해석하고 있다. 그러나 이러한 왜곡과 은폐는 단순히 인간의 지적인 실수에서 비롯되는 것이 아니다. 그것들은 인간이 우선 대부분의 경우 죽음과 불안에서 도피한다는 현존재의 존재론적 조건에서 비롯되는 것이다. 따라서 그러한 왜곡과 은폐는 하이데거에서는 우리의 지성을 예리하게 다듬는 것이 아니라 실존을 정화하고 고양함으로써 극복된다. 다시 말해서 그것들은 불안을 견디면서 죽음으로 앞서 달려가면서das angstbereite Vorlaufen zum Tode '죽음으로부터의 도피'와 끊임없이 대결하는 것에 의해서만 가능한 것이다.

7

존재로의 초월과 전통형이상학의 극복

초기의 하이데거는 불안과 경이라는 기분 속에서 자신을 고지하는 존재 자체에 우리가 자신을 여는 사건을 초월Transzendenz이라고 부르고 있다. 후기의 하이데거는 초월이란 용어를 버리고 탈-존Ek-sistenz이라는 표현을 사용하고 있다. 탈-존이라는 용어는 하이데거가 『존재와 시간』에서 인간의 본질은 실존Existenz에 있다고 말할 경우의 실존이란 용어를 재해석한 것이다. 탈-존이란 그때마다 다르게 자신을 고지하는 존재의 소리에 현존재가 응답한다는 사태를 가리킨다.

후기의 하이데거가 초월이란 표현을 버리는 이유는 초월이란 표현은 존재 자체가 우리로부터 하나의 분리된 대상처럼 존재하고 그것에게로 우리가 초월해 간다는 식으로 생각하게 될 오해를 불러일으킬 수가 있기 때문이다. 아울러 초월이라고 할 경우에는 존재 자체가 현존재에게 자신을 개시하는 것이 현존재 측에서 주체적으로 수행하는 실존적인 운동에 의한 것으로 오해될 수 있기 때문이다. 사실상 초기의 하이데거는 존재로의 초월이 현존재 자신이 주체적으로 수행하는 실존적인 운동이라고 보는 경향이 상당히 크게 존재한다. 그러나 하이데거는 후기로 갈수록 존재로의 초월이 존재가 현존재를 향해서 자신을 고지하면서 현존재로 하여금 자신에게로 향할 것을 촉구하는 데서 비롯된다고 해석하고 있다.

초월이란 용어가 위에서 언급한 오해를 초래할 수 있다는 것을 나는 알고 있지만 탈-존과 같은 생소한 용어보다는 여기서는 일단은 초월이란 용어를 사용하려고 한다. 다만 여기서 초월이라고 할 경우에는 후기 하이데거가 염두에 두고 있는 사태를 가리킨다. 나는 초기의 하이데거 역시 초월이라는 용어로 사실은 후기의 하이데거가 가리키고 있는 사태를 지향하고 있다고 생각한다. 후기 하이데거의 사상은 초기 하이데거의 입장의 포기가 아니고 초기 하이데거가 드러내려고 했던 사태를 보다 더 적합하게 드러내려고 하기 때문이다.

초월이란 용어는 초기의 하이데거가 처음으로 사용한 것은 아니었고 전통형이상학에서 중요한 의의를 갖는 용어로 사용되었다. 그것은 보통 존재자 전체의 근거인 이데아라든가 신,

혹은 초월론적 통각이나 절대정신으로의 초월이란 의미로 사용되었고, 우리가 존재자를 그 자체로서 혹은 객관적으로 인식하기 위해서 진입해야만 하는 보편적인 입장으로의 진입을 가리켰다.

전통형이상학은 인간이 존재자를 그 자체로 혹은 객관적으로 인식하기 위해서는 우리가 존재자 전체를 초월하여 존재자 전체의 근거로 진입해야 한다고 생각한다. 다시 말해서 우리가 외부의 존재자들로부터 우리에게 밀려오는 혼돈된 감각적인 자극들에 압도되지 않고 그것들을 그 자체로서 혹은 객관적으로 파악하기 위해서는, 우리는 존재자들을 초월해 있는 보편적인 근거의 입장으로 진입하여 그러한 입장으로부터 그것들을 고찰해야만 한다는 것이다.

하이데거에서도 초월이라는 용어는 형식적으로는 보편적이고 절대적인 근거의 입장으로 진입하는 것을 가리킨다. 하이데거도 우리가 존재자들을 그 자체로서 인식하기 위해서는 존재자 전체의 궁극적인 근거로 초월하여 그것으로부터 존재자들을 고찰해야 한다고 보는 것이다. 그러나 하이데거에서 존재자 전체의 근거는 고중세 철학에서처럼 우리가 세계에 대한 객관적인 고찰을 통해서 도달할 수 있는 객관적인 근거도 아니고, 근대의 초월론적 철학에서처럼 의식작용에 대한 반성을 통해서 도달할 수 있는 주관적인 근거도 아니며, 혹은 헤겔에서처럼 변증적인 사변을 통해서 도달할 수 있는 주체-객체의 동일한 근원인 절대정신도 아니다. 그것은 그렇게 근거를 캐물어 들어가려는 우리의 주체적인 파악기도에 대해서 자신을 은닉하면서 오히려 불안이나 경이와 같은 근본기분을 통해서 우리를 엄습하면서 자신을 개현하는 심연적인 근거이다. 초월의 사건이란 이러한 심연적인 근거의 말 걸음에 우리가 응답하는 사건이고 이를 통해서 존재자 전체가 그 자체로서 자신을 드러내는 사건이다.

전통형이상학에 대한 하이데거의 대결이 전통형이상학의 단순한 파괴와 폐기가 아니고 전통형이상학이 궁극적으로 지향하면서도 은폐하고 있었던 근원적인 사태를 드러내는 것이라면, 하이데거의 초월개념도 전통형이상학이 초월이란 개념을 통해서 지향하면서도 은폐하고 있는 근원적인 사태를 드러내는 것을 겨냥하고 있다. 전통형이상학이 형이상학인 이유가 존재자 전체를 그 자체로서 파악하기 위해서 존재자 전체의 궁극적인 근거로 초월하는 데 존재한다면, 불안이라는 근본기분에서 자신을 고지하는 존재를 향해 초월함으로써 존재자 전체가 자체로서 자신을 개시하게 되는 사건이야말로 현존재의 근저에서 일어나는 근원적인 형이상학이라 할 수 있다. 이런 의미에서 하이데거는 형이상학이란 '현존재의 근본사건'이라고 부르고 있다.

물론 하이데거는 후기에서는 이러한 형이상학적인 근본사건이 전통적인 의미의 형이상학과 동일시될 것을 우려하여, 형이상학이라는 용어를 전통적인 형이상학을 지칭하는 데만 국한하고 있다. 초기의 하이데거가 현존재의 근저에서 일어나는 형이상학적 근본사건이라고 부르고 있는 것을 후기의 하이데거는 존재의 사건Ereignis이라고 부르고 있다.

하이데거에게 인간이란 그의 심연에서 초월의 사건이 일어나는 수수께끼 같은 존재자이다. 초월의 사건을 통해서 현존재 자신을 포함한 존재자 '전체'가 자신들의 고유한 존재를 드러내면서도 서로 하나의 질서와 조화를 이루는 것으로서 나타난다. 초월의 사건에서는 그 이전에는 세상 사람의 세계에 의해서 은폐되어 있던 근원적인 세계가 열리는 것이다.

8
세계 개현과 근본기분

불안이란 기분에서 세간적인 가치가 무의미한 것으로 드러나면서 우리가 이러한 세간적인 가치에 대한 집착을 버릴 때 현존재 자신을 포함한 존재자 전체가 자신의 참된 존재를 드러내는 근원적인 사건Ur-ereignis을 초기의 하이데거는 초월Transzendenz이라고 부르고 있다는 사실을 우리는 앞에서 보았다. 이렇게 존재자 전체를 그 자체로서 드러냄으로써 초월의 사건은 우리의 인식과 행위가 지향해야 할 척도를 제시해 주는 사건이기 때문에, 초월은 이론적인 태도든 윤리적인 태도든 미학적 태도든 모든 태도를 가능하게 하며 그것들의 공통된 근원이 된다.

우리는 이러한 초월이 인간이 원한다면 언제든지 수행할 수 있는 주체적인 성격을 갖는 것이 아니라 오히려 불안과 같은 근본기분에 의해서 우리에게 엄습되는 것을 통해서 일어난다는 것을 보았다. 그것은 주체로서의 우리가 극복되고 존재의 소리에 응답하는 현-존재가 되는 사건인 것이다. 따라서 불안이란 기분에서 세상 사람으로서의 나와 일상적인 세계의 초월이 일어날 경우, 현존재가 세상 사람으로서의 나와 일상적인 세계를 초월한다기보다는 오히려 이 세계와 내가 '초월된다'고 말할 수 있다. 세상 사람으로서의 나 자신마저도 초월되는 이상 초월의 주체는 나라고 할 수 없다. 이러한 초월의 운동은 우리 자신의 의식적 결단을 통해서 일어나는 것이 아니라, 우리 자신의 의식적 통제범위를 벗어난 현존재의 '근저Grund'에서 일어나는 운동이며, 현존재를 근저에서부터 뒤흔들면서erschüttern 근본적으로 변화시킴으로써 그 자신과 세계를 새롭게 드러내는 것이다.

하이데거는 이런 의미의 기분이야말로 그동안 은폐되어 있던 현존재의 심연der Abgrund des Daseins을 해명할 수 있는 단서라고 생각하고 있다. 사람들은 기분이란 현상을 인간 내부에서 일어나는 하나의 심리적인 현상으로 보면서 영혼이나 의식 혹은 이성과 같은 인간에 대한 전통적인 개념들에 입각하여 해석하려고 한다. 이에 반해 하이데거는 오히려 우리는 기분이란 현상에서 일어나는 사태를 있는 그대로 보는 것을 통해서 인간에 대한 전통적인 관념을 해체하고 인간을 이해하는 데에 하나의 근원적인 전망을 열 수 있다고 본다.

기분에서는 존재자 전체가 그때마다 다르게 자신을 드러낸다. 기분은 우리 자신을 존재자 전체의 한가운데에 처해 있는 것으로서als inmitten des Seienden im Ganzen befindlich 드러내는 것과 동시에 존재자 전체를 드러내는 것이다. 따라서 기분은 단순히 심리학적으로 고찰될 수 있는 내면적인 심리상태에 그치는 것이 아니라 존재자 전체와 이러한 전체의 한가운데에 처해 있는 현존재 자신이 그때마다의 전체적인 개방성으로 진입되는 사건을 의미한다.

기분에서는 개별적인 존재자들이 아니라 전체가 문제가 된다. 권태라는 기분에서는 전체는 공허하고 무의미한 상태로 전락하며 나는 모든 것에 대해서 무관심하게 된다. 기쁨과 행복이 수반되는 경이라는 기분에서는 전체는 의미로 가득 차게 되고, 심지어 고통조차도 충만한 의미를 갖는 것으로서 드러난다. 어떠한 기분에서든 다소간에 항상 전체가 문제되지만 그중에서도 불안이나 깊은 권태 혹은 경이처럼 전체가 분명하게 개현되는 탁월한 기분들을 하이데거는 근본기분이라고 부르고 있다. 그러한 근본기분이 다른 기분들에 대해서 갖는 탁월성은 모든 기분에서 일정한 방식으로 드러나는 '전체'가 근본기분들에서는 극히 명확하게 개현된다는 데에 존재한다. 이러한 전체를 우리는 파악하기 어렵다. 그것을 파악하기 어려운 것은 그것이 우리에게 너무 떨어져 있어서가 아니라 오히려 너무 가까이 있어서 그것에 대해서 어떠한 거리도 취할 수 없기 때문이다.

1) 근본기분과 인간의 본질

현존재가 존재를 향해 초월하는 사건은 초기의 하이데거에게는 무엇보다도 불안의 기분에서 일어나는 것으로서 파악되고 있다. 불안에서 존재는 우리가 집착하는 세간적인 가치를 무의미한 것으로 드러내는 무로서 자신을 고지하는 것이며, 이러한 무에서 도피하지 않고 우리가 그것에 응답할 경우 세계가 존재 자체의 개현으로서 열리게 된다.

이런 맥락에서 하이데거는 기분, 특히 근본기분이라는 현상이야말로 그동안 은폐되어 있던 현존재의 심연der Abgrund des Daseins을 해명할 수 있는 단서라고 생각하고 있는 것을 우리는 앞에서 보았다. 여기서는 근본기분에 대한 하이데거의 사상이 인간을 해명하는 데 어떠한 새로운 전망을 여는지를 살펴보는 것과 동시에 그것이 어떠한 실천적 함의를 갖는지를 살펴보겠다.

서양 철학의 역사에서 인간은 전통적으로 이성과 감성으로 이루어진 존재자로 파악되어 왔다. 그리고 인간의 이성적 측면은 통일과 질서를 지향하고, 감성적 측면은 다양성과 자유분방한 분출을 지향하는 것으로 간주되었다. 이 양자는 보통 서로 대립되는 것으로 파악되거나 어떤 하나가 다른 것으로부터 파생되어 나온 것으로 간주되어 왔다.

서양철학의 전통을 무리하게나마 단순화시켜서 보자면, 이른바 서양 형이상학의 주류를 형성하는 것은 이성 중심의 철학이라고 할 수 있으며 이에 대항하는 사유전통은 감성 중심의 철학이라고 볼 수 있다. 플라톤에서 헤겔에 이르는 형이상학 전통의 주류에서 감성은 이성에 복속되어야 하는 것으로 간주되어 왔고 감성의 자유로운 분출은 무정부 상태를 야기할 수 있는 것으로 우려되어 왔다. 이에 대해서 감성의 측면을 강조하는 경험론이나 포이어바흐Feuerbach나 마르크스Marx

그리고 니체Nietzsche와 같은 흐름에서는 이성이란 감성이 자신을 위해서 이용하는 도구로 간주되어 왔다.

이러한 두 가지 철학전통은 서로 대립되는 것처럼 보이지만, 그럼에도 불구하고 양자는 하나의 공통된 전제를 받아들이고 있다. 이러한 전제란 인간은 감성과 이성으로 구성되어 있다는 전제이다. 그러나 인간이란 존재 자체는 근본적으로는 이성과 감성으로의 분리를 넘어서 통일되어 있다. 따라서 인간은 이성과 감성 사이의 갈등을 느낄 경우에 궁극적으로 양자 간의 통일을 지향하며 더 나아가 어느 한쪽으로의 편파적인 통일이 아니라 양자 사이의 조화로운 통일을 지향한다.

왜냐하면 이성이 감성을 무시할 경우에는 감성의 다양성을 무시하면서 인간에게 획일화된 질서와 통일을 강요하는 것이 되어 버리고, 이에 대해서 감성이 이성을 무시할 경우에는 혼란과 무질서가 지배하게 될 것이기 때문이다. 그러나 이성과 감성을 근본적으로 구별되는 것으로 전제한 후 양자를 조화롭게 통일시킨다는 것은 지극히 어렵기 때문에, 서구의 철학사는 항상 어느 일방으로 기우는 경향이 있었다.

이에 대해서 하이데거는 인간을 감성과 이성으로 구성된 것으로 보는 전통적인 인간관을 극복하려고 하고 있다. 이러한 그의 생각은 『존재와 시간』에서 피력되고 있는 '던져진 기투Der geworfene Entwurf'라는 인간관에서 잘 드러나고 있다. 인간은 항상 어떤 상황에 던져진 존재, 즉 상황-내-존재이다. 다른 한편으로 인간은 자신이 처한 상황을 이해하고 해석하면서 그 안에서 자신의 목적을 실현해 간다. 그러나 인간은 상황에 던져져 있을 때 단순히 물에 돌멩이가 던져져 있듯 던져져 있는 게 아니다. 인간이 상황에 던져져 있다는 것은 그가 항상 어떤 기분 속에 처해 있다는 것을 의미하며, 이러한 기분 속에서 개시된 상황 안에 처해 있다는 것이다. 그에게 상황은 단순한 상황이 아니라 어떤 특정한 기분 속에서 개현되어 있는 상황이다.

이 경우 하이데거에게 특히 문제가 되는 기분은 개인의 자의적인 변덕스런 기분과는 다른 소위 근본기분Grundstimmung으로서 인간이 처한 근본상황을 근원적으로 개시하는 힘을 갖는 기분이다. 예를 들어서 불안이란 기분은 죽음에 던져져 있는 인간의 근본상황을 개시한다. 나는 물론 다른 사람들의 죽음에 대한 관찰을 통해서 사람들 '일반'은 죽는다는 사실을 확인할 수 있지만 그 어느 누구도 대신할 수 없는 각자의 현존재의 죽음은 불안이란 기분을 통해서만 근원적으로 드러난다. 아울러 이러한 근본기분을 통해서 우리는 존재에 이미 나가 있으며 이렇게 존재에 나가 있는 것을 통해서 모든 존재자의 진리에 나가 있다. 이러한 인간이해에서는 전통적으로 감성에 속하는 것으로 간주되었던 근본기분은 이성에 의해 규제되어야 하는 제멋대로의 것이 아니라 오히려 '존재'의 소리가 우리에게 자신을 고지하는 통로로서 이해되고 있다.

이와 함께 전통적으로 인간의 능동적인 자유라는 측면을 대표하는 이성이나 의식은 하이데거 철학의 구도에서는 근본기분에서 자신을 고지하는 존재의 소리에서 도피하지 않고 그것에 적극적으로 청종하는 능력으로서 재해석된다. 초기의 하이데거는 이렇게 존재의 소리를 청종하는 것을 이해Verstehen라고 부르고 있지만, 이 경우 이해는 단순히 머리로 그것의 의미를 인식하는 것이 아니라 근본기분을 통해서 자신을 고지하는 존재의 압도적인 힘에 우리 자신을 내맡기고 그것에 실리는 것을 통해서 우리 자신의 실존방식을 변화시키는 것을 의미한다. 이렇게 실존방식의 변화에 영향을 전혀 미치지 않는 이해는 참된 이해가 아니라 피상적이고 사이비적인 이해이다.

이런 의미에서 인간이 존재에 접하는 통로가 되는 근본기분이란 비단 인간의 정서적 차원에만 관련된 현상이 아니다. 그러한 근본기분을 통해 존재자 전체의 진리가 근원적으로 열린다는 점에서 근본기분에서는 인식의 차원이 문제되고 있다. 또한 근본기분을 통해서 존재가 인간의 실존을 근저에서부터 뒤흔들면서 엄습하기 때문에 인간은 자신의 무력함Ohnmacht과 유한성을 경험하게 되는바, 근본기분에서는 의지적인 차원이 문제되고 있다. 아니 근본기분에서는 이러한 정서적 차원, 인식적 차원, 의지적 차원이라는 세 가지 영역으로 인간이 분화되기 이전의 전체로서의 인간 실존, 그 어떻게도 나누어질 수 없는 철저한 개체In-dividuum로서의 인간 실존이 문제되고 있다. 근본기분이 갖는 이러한 심중한 의미 때문에 하이데거는 근본기분에 대한 새로운 철학적 성찰이 인간과 존재에 대한 보다 근원적인 시야를 열어 줄 것이라고 본 것이다.

2) 근본기분에 대한 하이데거의 사상이 갖는 실천적 함의

하이데거 철학은 단순히 존재를 새롭게 해석하는 데 그치지 않고 인간과 세계를 새롭게 변화시키는 것을 지향한다. 하이데거 철학이 갖는 이러한 실천적 함의는 근본기분에 대한 그의 사상에서 가장 분명히 드러난다. 하이데거 철학은 인간 내에 잠들어 있는 근본기분을 다시 일깨움으로써 우리로 하여금 모든 존재자를 그 자체로서 존재하게 하는 존재의 힘에 직면케 하려고 하며, 이러한 존재의 힘을 타고서 우리 자신을 근본적으로 변화시키려고 한다.

하이데거는 우리의 의식은 우리가 우선 대개는 의식하지 못하는 비본래적인 실존방식에 근거하고 있다고 말한다. 따라서 소위 이성에 의한 의식적 결단이 우리의 실존방식을 변화시킬 수 있는 것이 아니라 의식의 근저에서 일어나는 실존방식의 변화를 통해서만 우리의 의식도 근본적으로 바뀔 수 있다고 생각한다. 이런 의미에서 하이데거는 도덕적인 논변이나 정당화보다는 오히려 기분의 변화가 윤리적 삶을 가능하게 할 수 있다고 본다. 사람들은 도덕적 추론보다는 오히려 시나 음악을 통해서 전적인 변화를 일으킬 수 있다. 시나 음

악은 우리를 특정한 기분으로 끌어들이면서 우리로 하여금 우리 자신과 세계를 달리 경험하게 한다.

근본기분을 통한 존재와의 직접적인 만남을 통해서 우리가 거주해야 할 근원적인 세계가 열리며, 이러한 세계가 우리에게 인식과 행위의 척도를 제시한다고 생각하기에 하이데거는 우리로 하여금 존재와 만나는 근본기분의 사건 안으로 자신을 던질 것을 촉구한다. 더 나아가 하이데거는 근본기분이 변화하지 않는 한 이론적인 논증이나 정당화만은 삶을 변화시키기에는 무력하다고 본다. 하이데거는 이미 1916년의 교수자격논문에서부터 이렇게 말하고 있다.

생으로부터 분리된 합리주의적인 철학은 무력하다machtlos.*

철학은 그것의 진정한 의미에서는 근본기분을 통해서 존재에게로 나아가는 탈자적인 사건이며 개념적인 작업으로서의 철학도 이러한 근본사건을 통해서 열리는 사태를 개념적으로

* 하이데거 전집 1권: *Frühe Schriften*, Frankfurt am Main, Vittorio Klostermann, 1978, 410쪽.

분석하는 것이어야 한다. 이런 의미에서 하이데거는 진정한 의미의 철학은 이론적인 체계의 건립이 아니라 물음Frage이라고 보며, 이 경우 그는 물음을 '존재에 대한 사유의 경건함Frömmigkeit des Denkens'으로서 해석한다. 철학은 근본기분을 통해서 직접 존재와 접하는 현존재의 심연에서 비롯된다.

> 철학은 교설도 아니고 이론적인 세계관의 체계도 아니며 인간적인 현존재의 수단도 작품도 아니다. 철학은 현존재가 자유 안에서 자신의 근거로부터 생기하는 한에서 현존재 자체이다.*

전통 철학은 자신의 방법을 근본기분에 자신을 투신하는 데서 찾지 않고 흔히 이론적 논증이나 정당화에서 찾고 있지만, 그러한 이론적 논증이나 정당화에 입각한 정교한 이론체계는 많은 경우 우리가 삶의 절대적인 기초를 확보하고 있다

* M. Heidegger: Edmund Husserl zum siebenzigsten Geburtstag, in: Akademische Mitteilungen. Organ für die gesamten Interessen der Studentenschaft an der Albert-Ludwigs-Universität in Freiburg i.Br., Vierte Folge, IX.Sem., Nr.3(1929.5.14.) Christoph von Wolzogen: Die eigentlich metaphysische Störung-Zu den Quellen der Ethik bei Heidegger und Levinas, In: *Zur Grundlegung einer integrativen Ethik*, (hrsg) Martin Endreß, Frankfurt am Main, 1995, 137쪽에서 재인용.

는 '안이한 자기확신beruhigte Selbstsicherheit'과 '자명한 안주das selbstverständliche ›Zuhause-sein‹'를 제공함으로써, 우리가 보통 빠져 있는 비본래적인 실존의 공허함과 불안함을 은폐하는 메커니즘으로 기능한다. 그것은 사람들을 성숙시키고 사람들이 진정한 삶을 살아가는 것을 돕기는커녕 오히려 방해한다.

하이데거는 그러한 이론적인 논증이나 정당화 대신에 현존재의 심연 자체에 내재해 있는 변화의 논리에 주목한다. 우리의 존재 자체가 자신의 존재를 문제 삼는 실존으로서 이미 변혁을 지향하는 것이기에 철학의 과제는 우리 내면에서 이미 일어나고 있는 변혁의 논리를 명확하게 드러내는 것이 중요하다는 것이다. 이런 하이데거는 이렇게 말하고 있다.

> 철학은 단순히 정신의 저작들을 이용하려는 나태한 태도로부터 인간을 가혹한 그의 운명으로 내던지는 것을 과제로 갖는다.*

* 하이데거 전집 3권: *Kant und das Problem der Metaphysik*, Frankfurt am Main, Vittorio Klostermann, 1973, 263쪽 이하.

세창사상가산책 | MARTIN HEIDEGGER

3

현대기술문명과의 대결

우리는 앞에서 하이데거의 존재론은 근원적인 윤리학이라는 성격을 갖는다는 사실을 보았다. 하이데거의 철학은 이렇게 근원적인 윤리학으로서 자신의 시대와 대결하면서 자신의 시대가 나아가야 할 방향을 제시하려고 한다. 그런데 하이데거의 시대는 기술문명으로 특징지어지는 우리의 시대다. 여기서는 하이데거가 현대기술문명의 기원과 본질을 어떻게 파악하고 있으며 그것의 위기를 어떻게 극복하려고 하는지를 살펴볼 것이다.

1
근대의 존재관과 진리관

하이데거는 『세계상의 시대』에서 근대의 본질적인 현상들을 다음과 같이 크게 다섯 가지로 나누어 고찰하고 있다. 우리는 여기서 근대라는 용어를 현대까지 포함하는 넓은 의미로 사용하려고 하며, 현대를 근대의 본질적 성격이 철저하게 구현된 근대의 마지막 국면으로 보려고 한다.

근대의 첫 번째 현상은 근대 과학이다.

근대의 두 번째 현상은 기계 기술Maschinentechnik이다.

근대의 세 번째 현상은 예술이 미학적으로 해석된다는 데에 있다. 이것은 예술이 인간의 삶의 표현으로 간주되고 예술작품이 주관적인 체험의 대상이 된다는 것을 의미한다.

근대의 네 번째 현상은 인간행위가 문화로서 이해되고 수행된다는 것이다. 이 경우 문화는 인간의 다양한 능력을 육성하는 것을 통하여 최고의 가치들을 실현하는 것을 의미한다.

근대의 다섯 번째 현상은 '신에게서 신성이 박탈되는 것Entgötterung'이다. 이것은 근대에 무신론이 지배하게 되었다는 것을 의미하지 않는다. 근대에도 수많은 사람이 여전히 신과 전통적인 종교를 신봉하고 있다. 신에게서 신성이 박탈되는 것은 종교의 영향력이 더 커지는 것을 배제하지 않는다. 하이데거가 신에게서 신성이 박탈된다는 것으로 말하고 싶은 것은, 종교는 근대에도 여전히 위세를 떨칠지 모르나 근대에는 신에 대한 인간의 관계가 각 개인의 종교적인 체험das religiöse Erleben으로 전락하고 신이 예술작품과 마찬가지로 사적인 체험의 대상이 되면서 신은 역사를 규정하는 힘을 상실해 버렸다는 것이다.

하이데거는 근대에 본질적인 다섯 가지 현상들이 서로 무관한 것이 아니라 긴밀하게 연관되어 있다고 보고 있다. 이에 따라 그는 이러한 현상들을 근저에서부터 통일적으로 규정하고 있는 근거를 드러내려고 한다. 그는 이러한 근거가 근대 특유의 존재관과 진리관에 있다고 보고 있다.

하이데거가 존재와 진리의 본질에 대한 근대 특유의 해석이 근대의 모든 현상을 규정하는 근거라고 볼 경우, 하이데거는 보통 관념론적인 입장에 서 있다고 비판받는다. 그러나 하이데거가 근대를 비롯한 각 시대를 궁극적으로 규정하는 근거를 각 시대의 존재관과 진리관으로 볼 경우 이는 하이데거가 인간을 정치·경제적 동물이기 이전에 존재자 전체를 문제 삼는 철학적인 존재로 보기 때문이다.

우리가 앞에서 보았듯이 하이데거는 인간을 자신의 존재를 문제 삼는 실존이라고 보는바, 이 경우 인간은 항상 다른 존재자들과의 관계 속에서 존재하기 때문에 인간이 자신의 존재를 문제 삼는다는 것은 사실은 자신과 함께 존재자 전체의 존재를 문제 삼는다는 것을 의미한다. 인간은 이렇게 근본적으로 자신을 포함한 전체를 문제 삼는 존재이기에 전체에 대한 이해, 즉 존재 이해가 각각의 존재자들에 대한 인간의 관계를 규정한다.

예를 들어서 서양의 중세에서 존재자 전체는 '신의 피조물'로서 이해되었다. 중세인은 이렇게 신을 모든 존재자의 최종적 근거로 보았기 때문에 인간도 자신의 존재를 확고하게 하기 위해서 신에 귀의하지 않으면 안 된다고 생각했다. 따라서 중세에서 학문과 예술 그리고 일상생활은 신에 대한 숭배를 중심으로 이루어졌다. 신학은 최고의 학문이었으며 도시를 건설하더라도 교회를 시내 중심에 가장 먼저 지어야 했다. 이에 반해 현대기술문명에서 존재자 전체는 '계량 가능한 에너지들의 공급원'으로 이해된다. 현대에서는 인간마저도 계량 가능한 노동력의 담지자로서 간주된다.

이러한 시각에 입각하여 하이데거는 각 시대의 존재이해는 마르크스와 같은 사람이 생각했듯이 노동과 기술의 발전에 따른 생산력의 발전에서 생기는 것이 아니라 오히려 노동과 기술의 변화가 존재이해의 변화에 근거하고 있다고 본다. 근대의 과학과 기술은 고대의 과학과 기술을 직선적으로 발전시킨 것이 아니라, 존재자 전체에 대한 이해가 혁명적으로 바뀐 결과 근대의 과학과 기술이 생성된 것이라는 것이다. 이런 의미에서 하이데거는 각 시대의 존재이해를 개념적으로 규정하는 형이상학이 자신의 시대를 정초한다고 말하고 있다. 각 시대의 인간의 삶은 그 시대를 정초하는 형이상학에 의해서 지탱되고 가능하게 되며 이러한 형이상학을 통해서 존재자 전체와 특정한 방식으로 관계하게 된다.

> 형이상학은 존재자에 대한 특정한 해석과 진리에 대한 특정한 파악을 통하여 하나의 시대가 갖는 본질적인 형태에 근거를 부여함으로써 그 시대를 정초한다. 이러한 근거는 그 시대를 특징짓는 모든 현상을 철저히 지배한다.*

* 하이데거 지음, 『세계상의 시대(*Die Zeit des Weltbildes*)』, 최상욱 옮김, 서광사, 1995년, 11쪽.

막스 뮐러는 하이데거의 이 말을 이렇게 해석하고 있다.

이는 일정한 시대에 인간의 모든 활동을 지배하고 추진시키는 결정적인 관심사가 철학을 통해서 개념적으로 파악된다는 것이다. 말하자면 철학에서 하나의 시대가 집중되고 결정되는 것이며, 자신의 본래적인 자기의식에 도달하는 것이다. 그러나 철학을 이와 같이 한 시대의 표현이라고 할 때 철학은 한갓 유행과는 전혀 다른 것이며, 그것은 한 시대의 정신적 미래를 결정하는 기투이다. 즉 철학이 그것들을 통해서 자신을 실현하든가 그것에 직면하여 파산하여 버리고 마는 시대의 내적인 가능성들을 기투한다.*

하이데거는 위에서 언급한 근대의 다섯 가지 본질적 현상 중에서 근대과학이야말로 근대에 가장 특유한 현상으로 보면서, 근대를 정초하는 존재관과 진리관을 근대과학을 단서로 하여 드러내고 있다.

* 막스 뮐러 지음, 『실존철학과 형이상학의 위기(*Existenzphilosophie im geistigen Leben der Gegenwart*)』, 박찬국 옮김, 서광사, 1988년, 19쪽.

하이데거에 의하면 오늘날의 과학의 본질은 탐구Forschung이다. 이러한 탐구의 본질은 자연이나 역사 또는 인간의 심리와 같은 한 영역에 대해서 미리 근본적인 윤곽der Grundriß을 구상하면서, 그러한 근본윤곽이 지시하는 탐구방향에 철저하게 따르는 것, 즉 방법Methode을 통하여 수행된다. 근대자연과학에서 자연의 근본윤곽은 '시공간적으로 서로 연관되어 있는 질점質点, Massenpunkte들이 하나의 완결된 운동 연관'을 갖는 것으로서 구상된다.

그리고 이렇게 확정된 자연의 근본윤곽에는 무엇보다 다음과 같은 규정들이 속한다. 즉, 운동은 단순한 장소이동을 의미하며 어떠한 운동과 운동방향도 다른 것에 비해서 우월하지 않다. 모든 장소와 시점은 서로 동질적이며, 어떠한 장소나 시점도 다른 장소나 시점에 비해서 우월하지 않다. 모든 힘은 그것이 얼마나 큰 운동을 초래하는가, 다시 정확히 말하자면 일정한 시간에 얼마나 큰 장소이동을 초래하는가에 따라서 규정된다. 이러한 근본윤곽에 의해서 규정된 것만이 진정한 의미의 '자연' 현상으로 간주되며 여타의 것은 미신이나 인간의 주관적인 믿음에 불과한 것으로 간주된다. 예를 들어 서양의 중세에서 보는 것처럼 종교적인 세계관이 지배하는 곳에서는 신을 모시는 곳은 다른 곳들보다 더 신성한 것으로 간주되며 신에게 경배하는 시간은 다른 시간보다 더 중요한 시간으로 간주되지만, 근대자연과학에서는 이러한 공간관과 시간관은 인간의 주관적인 믿음으로 간주되면서 거부되는 것이다.

자연의 본질이 이렇게 파악됨으로써 근대의 자연과학은 정밀한 수학적 자연과학이 된다. 즉, 모든 자연현상은 측정가능한 시-공간적인 운동량으로 환원될 수 있는 것으로서 간주된다. 그러한 이학적 자연탐구는 정확하게 계산하기 때문에 정밀한 것이 아니라, 그것의 대상영역이 정밀하게 계산될 것을 요구하는 성격을 갖기 때문에 정확하게 계산해야 한다.

이와 같이 근대의 자연과학은 자연을 양, 운동, 힘, 공간, 시간 등과 같이 몇몇의 계산 가능한 요소들로 환원하여 고찰한다. 존재자는 우리들 자신에 의해서 정립된 시야 안에 놓이게 되며 우리가 이러한 시야 안에서 제기하는 물음에 답하도록 강요되는 것이다. 과학에서 존재자는 우리가 본래적인 인간이 되는 것과 함께 일어나는 근원적인 존재의 개현 안에서 그 자체로서 자신을 드러내는 것이 아니라 인간 주관에 의해서 아프리오리apriori하게 설정된 시야를 통해서 드러나는 대상이 되는 것이다. 그리고 이렇게 자연을 아프리오리하게 한정하는 것에 근대 자연과학의 성과가 근거하고 있다.

이와 함께 근대적인 탐구에서는 설명과 실험이 본질적인 역할을 한다. 설명은 항상 이중적인 측면을 지닌다. 그것은 이미 알려진 법칙을 통해서 아직 밝혀지지 않은 것을 근거 지우며, 동시에 그 근거가 밝혀지지 않은 사실들을 통해서 이미 알려진 법칙을 확증한다. 그리고 실험은 일정한 운동 연관이 갖는 필연적인 진행과정을 우리가 추적하고 측정할 수 있는 조건을 조성한다. 근대적 탐구의 본질은 자연에 대한 정밀한 구상에 철저하게 따름으로써 법칙을 발견하고 그 법칙을 실험에 의해서 확증하며 그것을 통해서 어떤 사건이 왜 일어나는지를 설명하는 것이다. 근대 과학은 존재자들 간의 법칙적인 연관을 탐구하고 확인할 뿐이며, 존재자가 다른 존재자들과 갖는 인과적인 연관을 철저하게 설명하려고 할 뿐이다.

근대 과학의 본질적 현상들인 대상영역의 근본윤곽에 대한 선행적 구상과 그러한 구상에 엄격하게 따르는 방법적 성격 그리고 실험이 중요한 역할을 한다는 것은 서로 분리된 현상들이 아니라 서로 긴밀하게 연관되어 있다. 이러한 것들을 통해서 근대 과학은 탐구Forschung라는 성격을 띠게 된다. 하이데거는 근대 과학이 이렇게 탐구가 될 수밖에 없는 형이상학적인 근거, 즉 근대를 규정하는 존재관과 진리관을 대상성과 표-상작용의 확실성에서 찾고 있다.

근대과학에서는 이른바 과학적 설명의 대상이 될 수 있는 것만이 '존재하는' 것으로서 간주된다. 근대 과학에서 존재자의 존재는 대상성으로서 파악되는 것이다. 존재자의 대상화는 존재자들의 작용법칙을 파악하고 이것에 입각하여 그것의 작용방식을 철저하게 계산함으로써 그것들을 지배할 수 있는 것으로 만드는 것을 목표한다. 따라서 근대적인 인식이란 존재자의 진리 자체를 드러내는 것이 아니라, 존재자를 공격하는 것Angriff이다. 하이데거는 이러한 근대 특유의 인식방식을 존재자를 인간의 '눈앞에 세워두고 그것의 작용법칙과 작용방식을 철저하게 꿰뚫어 보는 표-상작용vor-stellen'이라고 부르고 있다. 근대 과학에서 존재자의 존재는 대상성으로서 파악되고 진리는 표-상작용의 확실성이 된다.

사람들은 흔히 근대의 본질을 인간이 중세적인 구속, 즉 종교적인 독단과 신분적인 구속에서 자신을 해방한 데서 찾는다. 이러한 의미에서 사람들은 근대를 인간이 자율적인 주체가 되고 각 개인의 권리가 주창되는 시대로 본다. 그러나 하이데거는 이러한 계몽주의적 근대관을 피상적인 것으로 간주한다. 그러한 견해는 근대를 규정하는 본질적인 근거를 제대로 파악하지 못했다는 것이다. 하이데거도 근대에 와서 인간이 이제까지의 종교적 신분적 구속에서 자신을 해방시키고 주체가 되었다는 사실을 인정한다. 그러나 이 경우 인간이 주체가 되었다는 것은 인간이 자신을 모든 것의 근거로 간주하게 되었다는 것을 의미한다. 인간이 처음으로 주체가 됨으로써 인간은 모든 존재자의 존재와 진리를 근거 지우는 존재자가 된다.

인간이 이렇게 주체가 되면서 존재자 전체는 인간의 객체로서 파악된다. 존재자 전체가 인간의 객체로서 파악된다는 것은 그것이 하나의 체계로서 파악되는 것을 의미한다. 하이데거가 근대를 세계상의 시대라고 부를 경우 이는 근대란 세계를 체계적인 상으로서 파악하는 시대라는 의미이다. 근대는 존재자 전체를 체계System로서 대상화하는 시대이다. 이때 체계란 주어진 것들을 단순히 종합하는 것이 아니라 존재자들이 갖는 근본윤곽에 대한 구상에 입각하여 존재자 전체가 갖는 기능적인 연관 관계를 철저하게 파악하는 것을 말한다. 이런 의미에서 체계라는 것은 오직 근대적인 현상이다. 따라서 플라톤의 '체계'나 아리스토텔레스의 '체계'에 대해서 말하는 것은 그들의 철학을 근대철학과 동일한 지평에 서 있는 것으로 보는 오해에서 비롯된 것이다.

근대에서 세계는 체계적인 상이 되고 존재자는 그러한 체계의 기능인자가 되는 반면에, 중세에서 존재자는 인격적인 창조신의 피조물로서 파악되었다. 그리고 고대 그리스에서 존재자는 자신을 개시하면서 인간을 엄습하는überkommen 것으로서 파악되었으며 인간은 이러한 존재자의 진리를 그대로 수용하는vernehmen 자로서 이해되었다. 그리스인에게 인간은 존재자를 대상화하면서 하나의 체계 안에 그것이 차지하는 기능적인 위치를 규정하는 주체가 아니다. 그리스인에게 인간은 존재자를 냉철하게 관찰하기 위해서 자신의 앞에 세우는 것이 아니라 오히려 존재자의 진리에 엄습되면서 존재자 앞에 세워지는 것이다.

2
현대기술문명의 본질 – '지배에의 의지'가 지배하는 시대

이상에서 보듯이 하이데거에게 근대란 인간이 주체로서 등장하고 존재자들은 인간이 처리할 수 있는 대상으로서 전락하는 시대이다. 이렇게 근대에서 인간은 자신을 자연의 주체라고 생각하지만 인간 자신도 사실은 자연 속에서 태어나 자연 속에서 죽어가는 존재이기 때문에 자연을 대상화하여 설명하려고 할 경우에는 결국에는 인간 자신도 설명의 대상이 되고 만다. 이렇게 근대의 존재관과 진리관이 철저화되면서 인간마저도 다른 모든 존재자와 마찬가지로 설명의 대상이 되고 그러한 설명에 입각하여 조종되고 지배될 수 있는 것으로 간주되는 시대가 바로 현대이다.

현대기술문명에서 인간은 자신을 주체라고 생각하지만 사실은 인간마저도 하나의 지배대상으로 변화시키는 어떤 강력한 힘의 도구에 지나지 않는다. 하이데거는 이렇게 인간에게 자신이 세계를 지배하는 주체라는 환상을 심어주면서 인간 자신을 비롯한 모든 존재자를 지배 가능한 대상으로 변환시키도록 추동시키는 힘을 '의지에의 의지'라고 부르고 있다. 이러한 의지에의 의지는 자신의 안전과 강화 이외의 어떤 것도 의도하지 않는 맹목적인 의지이며 그것이 원하는 것은 그 자신의 존립과 강화일 뿐이다. 이러한 의지는 자신의 힘의 강화와 함께 모든 존재자에 대한 지배를 목표한다는 점에서 지배에의 의지이기도 하다.

물론 의지에의 의지가 갖는 맹목성은 그것이 아무런 생각과 의식 없이 발동된다는 것을 의미하는 것은 아니다. 오히려 그것은 자신을 강화하기 위해서 가장 예리한 지성을 동원한다. 우리가 위에서 살펴본 탐구로서의 과학도 의지에의 의지가 인간을 비롯한 모든 존재자를 기술적으로 지배하기 위해서 이용하는 수단들 중의 하나이다.

> 의지에의 의지에는 수단, 근거, 방해에 대한 전면적이고, 지속적이며, 무제약적인 탐구, 목적들의 계산적인 변경과 대조, 기만과 술책, 종교 재판식 심문이 속한다. 그 결과 의지에의 의지는 자기 자신에 대해 항상 불신하고 음흉하며, 자신을 힘으로서

확보하는 것 외에는 다른 아무것도 염두에 두지 않는다.*

현대인은 자신이 이러한 의지에의 의지의 주체라고 생각하면서 그것을 마음대로 통제할 수 있다고 생각하지만 사실은 그것에 의해서 내몰리면서 다른 존재자들뿐 아니라 자신마저도 철저하게 기술적인 처리 대상으로 만들어 간다. 이 점에서 현대기술문명은 기술적인 총동원Totale Mobilmachung의 시대이다. 이 시대의 본질은 인간을 비롯한 모든 존재자가 자신들의 에너지를 최대한 발휘하여 '의지에의 의지'를 강화하는 데 기여하도록 기술적으로 총동원된다는 데에 있는 것이다.

일시적으로 의지가 '의지의 개별적인 소유자'로 인격화됨으로써, 마치 '의지에의 의지'가 이러한 인격들에서 비롯된 것처럼 보인다. [이와 함께] 인간의 의지가 '의지에의 의지'의 근원이라는 생각이 나타나게 된다. 그러나 사실은 인간이 '의지에의 의지'의 본질을 경험하지 못하면서 그것에 의해 의지되는 것이다.**

* 하이데거 전집 7권: *Vorträge und Aufsätze*, Frankfurt am Main, Vittorio Klostermann, 2000, 84쪽.
** 위의 책, 85쪽. [ ]는 필자주.

따라서 현대에는 인간의 주체성이 극도로 강화된 것 같지만 사실은 인간마저도 설명 가능하고 처리 가능한 기술적인 부품으로 변화시키는 극도의 객관성이 지배하게 된다. 하이데거는 이렇게 말하고 있다.

기술적으로 조직된 인간의 전 지구적 제국주의를 통해서 인간의 주관주의는 정점에 도달한다. 이러한 정점으로부터 인간은 획일적으로 조직화된다. 이러한 획일화는 대지에 대한 완전한 기술적인 지배의 가장 확실한 수단이 된다. 주체성이라는 근대적 자유는 그에 상응하는 객관성 안에서 철저하게 소진된다.*

근대의 계몽주의가 근대의 본질을 인간 개개인이 이성적인 주체로서 등장하는 과정으로 본 반면에, 하이데거는 근대의 본질을 인간이 세계를 정복해 나가는 과정에서 그 자신이 하나의 유능한 기계 부품으로 전락해 가는 과정으로 보는 것이다. 근대의 주관주의는 이렇게 극도의 객관주의라는 귀결을

* 하이데거 지음, 『세계상의 시대』, 최상욱 옮김, 서광사, 1995년, 90쪽.

포함하기에, 인간이 신의 지배에서 벗어나 주체성을 회복한 시대라고 여겨지는 근대에 인간은 오히려 노골적으로 하나의 대상으로 취급되며 이와 함께 인간에 대한 유물론적인 해석이 득세하게 된다. 근대에는 주관주의와 객관주의 사이에 무엇이 올바른 세계해석인지를 둘러싸고 끊임없이 논쟁이 벌어지고 있지만, 하이데거가 보기에 근대에서 본질적인 것은 주관주의와 객관주의 사이에 필연적으로 존재하는 이러한 상호연관이다.

3
현대기술문명의 본질적 현상들

하이데거는 우리가 위에서 살펴본 근대의 존재관과 진리관이 근대에 특징적인 현상들의 근저에 놓여 있다고 보면서 이러한 현상들을 그러한 존재관과 진리관으로부터 해명하고 있다.

1) 세계관들의 투쟁

근대를 지배하는 근본과정은 세계를 인간이 설명할 수 있고 이를 통해서 지배할 수 있는 대상으로 변화시키려는 것이다. 이러한 과정이 진행되는 중요한 방식 중의 하나는 세계관들 사이에 벌어지는 투쟁이다. 이러한 세계관들은 보통 이데올로기라고 불린다. 이데올로기는 세계 전체에 대한 설명체계로서 사람들은 이러한 설명체계에 입각하여 자신의 삶에 척도와 방향을 부여하려고 한다. 하이데거는 이데올로기들 간의 투쟁을 근대 특유의 현상으로 보면서 그것들은 근본적으로 근대를 지배하는 존재관과 진리관에서 비롯된다고 본다.*

근대를 지배하는 두 가지 대표적인 이데올로기는 자유주의와 집산集産주의이다. 근대에는 중세의 해체와 함께 인간을 주체로 보는 주관주의와 인간 개개인의 권리를 존중하는 개인주의적 자유주의가 득세하지만 근대는 이러한 주관주의와 개인주의 못지않게 객관주의와 집단주의가 전례를 찾을 수 없을 정도로 힘을 얻고 있는 시대이다. 포퍼Popper나 하이에크

* 위의 책, 53쪽.

Hayek와 같은 자유주의자들은 사회주의나 나치즘과 같은 집산주의를 근대 특유의 현상으로 보지 않고 원시적 군거본능의 한 발현에 지나지 않는 것으로 보지만 하이데거는 집산주의는 자유주의 못지않게 근대 특유의 산물이라고 본다. 하이데거는 자유주의 사상가들이 주관주의와 개인주의의 대두만을 근대특유의 현상으로 보는 것은 아직 근대의 형이상학적인 본질을 제대로 파악하지 못했기 때문이라고 보고 있다.

근대에서는 실로 인간 개개인이 주체인가 아니면 집단이 주체인가라는 논쟁이 끊임없이 행해진다. 그러나 인간이 존재자 전체를 지배하려고 하는 주체일 경우에만 개인주의적인 자유주의 사회에서처럼 자신의 자의를 따르는 개별자로서의 인간이 주체인지 아니면 집산주의에서처럼 민족공동체나 보편적인 인류 공동체가 주체인지라는 물음이 대두될 수가 있다.* 즉, 오직 인간이 주체로서 등장하는 근대에서만 개인주의와 집산주의 간의 세계관의 투쟁이 존재할 수 있다.

하이데거에 따르면 이러한 세계관들은 표면적으로는 인간

* 위의 책, 49쪽.

의 권리나 행복을 어떻게 하면 가장 잘 실현할 수 있느냐에 대한 상이한 이론들로 보이지만 사실은 인간을 어떻게 하면 보다 효과적으로 존재자 전체를 지배하는 데 동원할 수 있느냐에 대한 견해 차이에 불과할 뿐이다. 개인주의적인 자유주의도 집산주의도 '의지에의 의지'가 세계를 지배 가능한 체계로 변모시키려는 과정에서 인간을 비롯한 모든 존재자를 효율적으로 동원하기 위해서 사용하는 수단들에 불과하다. 거기에서 우위가 있다고 하더라도 그러한 우위는 다른 체제에 비해서 그 체제가 인간에게 보다 큰 행복을 가져다준다는 데 있는 것이 아니라 인간을 비롯한 존재자 전체를 효율적으로 관리하고 동원할 수 있다는 데에 있다. 그것들 간의 투쟁도 사실은 진리를 둘러싼 투쟁이 아니라 보다 많은 힘을 확보하기 위한 투쟁이다. 따라서 그것들 간에는 대화는 없고 선전과 자기 변호만이 존재할 뿐이다.

> 총체적인 태도들로서 그것들은 본질적인 결단을 근본적으로 부정한다. 그것들 간의 투쟁은 창조적인 투쟁이 아니라 '선전'이자 '변론'일 뿐이다.*

이와 동일한 선상에서 하이데거는 20세기에 지배한 세계관들이 자신들을 정당화하기 위해서 내세운 역사적 사명이라든가 민족적 사명과 같은 이념들도 의지에의 의지가 갖는 파괴성을 은폐하고 그것을 정당화하면서 인간이 존재자 전체에 대한 기술적인 지배메커니즘에 자발적으로 참여하게 만들기 위한 도구로서의 의미밖에 갖지 않는다고 말하고 있다.

'의지에의 의지'는 자신을 강화하기 위해서 그리고 이러한 강화를 위한 활동공간을 확보하기 위해, 자체적인 모든 목적을 부인하고 목적을 오직 수단으로만 허용한다. 그러나 그럼에도 불구하고 '의지에의 의지'가 존재자 안에서 자신을 실현하려면 그것은 그것의 사실상의 정체인 무질서한 파멸로 나타나서는 절대로 안 되기 때문에, 그것은 자신을 정당화해야만 한다. 여기에서 '의지에의 의지'는 '사명Auftrag'이란 말을 고안해 낸다. 이러한 사명은 시원적인 것과 그것의 보존Wahrung이란 관점에서가 아니라, '운명'의 입장에 의해서 지시되고 '의지에의 의지'를 정당

* 하이데거 전집 65권: *Beiträge zur Philosophie*, Frankfurt am Main, Vittorio Klostermann, 1989, 41쪽.

화하는 목적으로서 고안된 것이다.*

이런 의미에서 모든 이데올로기는 그것이 설령 각 개인의 인권을 내세우는 자유주의라 하더라도 인간을 비롯한 모든 존재자를 총동원하기 위한 전체주의적 성격을 갖는다.

하이데거가 보기에 근대에서 사유가 세계관이란 형태를 띠게 되는 것은 모든 존재자의 고귀한 존재를 망각하게 된 데서 비롯된 전 지구적인 차원의 니힐리즘nihilism의 표현이다. 그러나 사람들은 세계관이 궁극적으로 그러한 니힐리즘에서 비롯된 것이고 이것에서 벗어나려는 왜곡된 시도라는 사실을 깨닫지 못한다. 사람들은 오히려 세계관이 현대기술문명의 니힐리즘을 극복할 수 있는 삶의 의미를 부여하고 있다고 착각하는 것이며 그러한 의미를 열렬히 추구함으로써 니힐리즘을 보다 강화시키고 있다.

* 하이데거 전집 7권: *Vorträge und Aufsätze*, Frankfurt am Main, Vittorio Klostermann, 2000, 84쪽.

2) 굉장한 것에 대한 숭배

이러한 세계관들의 투쟁과 함께 근대는 비로소 그것의 역사에서 가장 결정적인 국면에 접어든다. 근대가 이러한 국면에 들어섰다는 징표를 하이데거는 어떠한 이데올로기가 지배하는 상황에서든 '굉장한 것das Riesenhafte'이 다양한 형태와 위장된 모습으로 숭배되고 추구되고 있다는 데서 찾고 있다. '굉장한 것'은 근대의 어느 사회체제에서든 거대한 건조물의 형태로 나타나지만 원자물리학에서 보는 것처럼 극도로 미세한 것을 탐구하는 방향에서도 나타난다. 아울러 그것은 비행기를 통해서 원거리를 단축시키고, 라디오 방송을 통해서 낯선 세계의 소식을 직접 들을 수 있는 형태로 나타난다.

굉장한 것의 추구를 통해서 양적인 것은 하나의 고유한 질이 된다. 즉, 위대한 것은 양적으로 굉장한 것과 동일시된다. 무엇을 위대한 것으로 보느냐는 시대마다 다른데 현대에서 위대한 것은 굉장한 것과 동일시되기 때문에, 계산하고 계획하며 확보하는 것이 인간이 해야 할 유일한 과제로 간주된다. 자신을 거대하게 계산하고 조직하며 계획하는 위대한 존재라고 생각하는 인간은 기술적인 동물technisierter Tier이 되고, 창조적인 행위는 굉장한 기술적인 제작으로 오해된다. 이러한 조작적인 행위가 '존재자의 고유한 존재를 발현시키는 창조적 행위'의 생동성을 대체한다. 따라서 기술의 전체주의적인 지배 아래에서 모든 창조적인 것은 배제되고 진정한 정신적인 힘은 소멸된다.

이렇게 굉장한 것을 추구하는 것과 함께 존재자 전체는 갈수록 왜소하게 된다.

> 계획과 계산이 거대하게 되는 순간에 존재자 전체는 오그라들기 시작한다. 세계는 갈수록 왜소해진다. 이는 양적인 의미에서가 아니라 형이상학적인 의미에서 그러하다. 존재자로서의 존재자는 궁극적으로 지배될 수 있는 것으로 해소되며 존재자가 갖는 독자적인 성격은 사라지고 존재자의 존재 상실은 완성된다.*

굉장한 것의 추구와 밀접하게 관련된 근대의 특성이 속도

* 하이데거 전집 65권: *Beiträge zur Philosophie*, Frankfurt am Main, Vittorio Klostermann, 1989, 494쪽 이하.

die Schnelligkeit의 추구다. 이 경우 속도로 의미되고 있는 것은 모든 작업이 기술적인 면에서 빨라진다는 것을 의미하는 한편, 최고의 성과를 올리기 위해서 정신없이 치달리는 것을 의미한다. 이를 통해서 현실은 급격하게 빠른 속도로 변하게 된다. 사람들은 빠르게 변하는 현실에서 자신의 시대가 인류 역사상 획기적인 시대이고 이 시대에는 의미 있는 일이 끊임없이 일어나고 있다고 생각하지만 사실 이 시대는 진정하게 역사적으로 의미 있는 일은 일어나지 않는 무無역사의 시대이다. 우리가 느끼는 속도감은 우리 시대의 공허함을 은폐하는 것일 뿐이다.

3) 체험의 대상으로서의 예술

근대에서는 과학만이 존재자의 진리를 파악하는 유일하고 참된 방식으로 간주됨으로써, 예술은 개인의 사적인 체험의 표현으로 간주되고 만다. 현대가 흔히 과학기술시대라고 불리는 데서도 알 수 있는 것처럼 현대인은 과학기술지상주의에 빠져 있다. 현대인은 과학만이 자연을 있는 그대로 객관적으로 드러낸다고 믿고 있는 반면에, 시와 회화 그리고 음악과 같은 예술은 자연에 대한 인간의 주관적인 감정을 표현한 것에 불과하다고 생각한다. 예술은 '존재자의 진리'와는 아무런 관계도 없으며, 소위 탁월한 천재들이 자신들의 개인적인 체험을 표현한 것으로 간주되는 것이다. 따라서 딜타이Dilthy에서 보는 것처럼 하나의 예술작품을 이해한다는 것은 원작자의 내적 체험의 영역을 추체험하는 것으로 파악되며, 예술작품은 그것을 감상하는 사람에게 체험을 불러일으키는 것으로서 파악된다.

그럼에도 현대기술문명에서는 그 어느 시대보다도 예술 활동이 활발하다. 수많은 사람이 예술 활동에 종사하고 있으며 무수한 작품이 해마다 쏟아져 나오고 있다. 하이데거는 이러한 현상은 현대기술문명이 갖는 무의미하고 권태로운 성격에서 비롯된다고 본다. 현대기술문명에서 세계는 계량 가능한 에너지들의 인과관계로 환원되고 모든 것이 독자적인 의미를 상실하고 전체적인 인과연관 내에서의 하나의 기능으로서의 의미밖에 가질 수 없기 때문에, 이러한 세계에는 본질적으로 무의미와 권태가 지배하고 있다. 이러한 상황에서 근대인은 근대예술이 제공하는 도취와 열광 내지 다양한 정서의 자극을 통해 삶의 무의미와 권태를 잊는 것과 아울러 자신의 삶도 풍요롭게 되고 의미에 충만하게 되는 것 같은 착각에 빠진다.

우리는 하이데거가 인간의 가장 고유한 특성을 인간의 실존적 성격에서 찾고 있다는 사실을 보았다. 다른 존재자들과는 달리 인간은 자신의 존재를 문제 삼는 존재자이다. 인간이 자신의 존재를 문제 삼는다는 것은 단순히 자신을 연명하는 것을 넘어서 자신의 본래적인 존재 가능성을 발견하고 실현하려고 한다는 것을 의미한다. 현대인도 인간인 한 이러한 실존적 성격을 갖기 때문에 진정한 자기를 발견할 수 없는 상황에서는 자신의 삶에 대해서 무의미와 권태를 느끼게 된다. 그리고 이러한 무의미와 권태에서 벗어나기 위해서 현대인은 예술을 통해 다양한 체험을 하고 흥분을 맛보려고 하면서, 이러한 흥분상태에 빠지는 것을 진정한 자기를 발견하게 된 것으로 착각한다.

4) 문화사업의 발달

예술이 인간의 주관적인 체험의 표현으로 파악되는 현상과 문화사업의 발달과 문화의 정책적 육성은 밀접하게 연결되어 있다. 근대인은 다양한 문화재를 경험함으로써 자신의 교양이 향상되었다고 생각하며 이를 통해서 그만큼 자신이 고양되었다고 생각한다. 그러나 하이데거는 이제까지 대부분의 사람들에게 허용되지 않았던 문화적인 것들(영화, 바다에서의 휴가)을 모든 사람이 향유하는 상태에서 가장 큰 니힐리즘이 지배한다고 본다. 사람들은 소란스러운 체험에 취하면서, 자신들의 삶이 목표가 없다는 사실에 대해서 눈을 감는다.*

그럼에도 불구하고 사람들의 깊은 내면에서는 존재 상실에 대한 불안이 잠복해 있다. 따라서 현대기술문명에서는 이러한 불안을 은폐하면서 존재 상실에서 비롯되는 공허감을 채울 수 있는 소란스럽고 감상적인 체험이 끊임없이 조작된다. 기술시대에서 문화사업이란 이렇게 불안과 공허감을 은폐하고 보상하는 역할을 한다. 그것은 존재망각의 현실을 은폐하고 그것에서 비롯되는 공허함을 채우는 장식적인 기능 Dekoration을 가질 뿐이다. 문화사업을 통한 강렬하고 자극적인 체험에 대한 추구는 기술의 지배를 통해서 주체성과 의미

* 위의 책, 139쪽.

를 상실하게 된 현대인의 보상행위다.

5) 소비재의 대량생산

현대기술문명에서 번성하고 있는 문화사업이 존재의 상실을 은폐하기 위한 대체물Ersatz인 것과 마찬가지로, 현대기술문명이 대량으로 생산해 내는 소비재들 역시 존재 상실에서 비롯되는 공허감을 보상하기 위한 대체물들이다.

존재자의 존재가 너무 적은 곳에서는 —그리고 그것은 점차 도처에서 더욱 강화되고 있는 '의지에의 의지'에게는 모든 것이 갈수록 너무 적게 느껴지기 때문에— 대체물을 만들어내기 위해서 기술이 개입해야만 하고 원료들을 소모해야만 한다. 그러나 '대체물'과 대체물들의 대량생산이란 '의지에의 의지', 즉 질서지우는 것의 질서die Ordnung des Ordnens가 (모든 것을) '남김없이' 확보die restlose Sicherung하면서 그 '자신'이 모든 것의 주체로서 존재할 수 있는 일시적인 비상수단이 아니라 유일하게 가능한 형태이다.*

이렇게 현대기술문명은 소비재를 대량생산해낸다는 점에서 풍요의 시대인 것 같지만 사실은 궁핍하기 그지없는 시대이다. 인간은 자신이 만든 굉장한 것들이나 문화적 산물들 그리고 소비재들에 도취하지만 사실은 공허한 삶을 살고 있을 뿐이다.

> 노동하는 동물은 자신이 만들어 놓은 것에 도취되어 있다. 이를 통해서 그는 자기 자신을 해체해 버리고 공허한 무로 파괴해 버린다.**

6) 신성(神性)의 소멸

하이데거가 근대의 본질적 현상 중 하나로 거론하고 있는 '신으로부터 신성이 박탈되어 있다'는 현상은 '신은 죽었다'는 니체의 진단과 관련지어 생각해 볼 수 있다. 니체가 근대에는 '신은 죽었다'고 말할 때 그것은 신은 존재하지 않는다는 무신론을 주장하고 있는 것이 아니다. 오히려 니체는 하이데거에

* 하이데거 전집 7권: *Vorträge und Aufsätze*, Frankfurt am Main, Vittorio Klostermann, 2000, 95쪽.
** 위의 책, 69쪽.

따르면 '횔덜린Hölderlin을 논외로 한다면 19세기의 유일한 신앙인'이었고 가장 열렬하게 신을 찾는 자였다. '신이 죽었다'는 것은 근대에는 신이 시대와 역사를 규정하는 힘을 상실했다는 것을 의미한다.

하이데거는 니체를 현대기술문명을 정초하는 사상가로 보면서 니체에 대해서 대결적인 입장을 취하고는 있지만, 하이데거가 근대에서는 신으로부터 신성이 박탈되었다고 말할 때는 니체와 동일한 의미로 말하고 있다. 하이데거든 니체든 이러한 상황, 즉 니힐리즘이 지배하는 상황을 극복하는 것을 지향하고 있지만 우리가 나중에 볼 것처럼 니체는 니힐리즘을 극복하는 것이 아니라 완성하고 있다는 것이 하이데거의 생각이다.

사람들은 이 시대를 규정하는 힘은 궁극적으로는 인간 자신이며 인간 자신이 수행하는 과학과 기술이라고 생각한다. 근대인은 과학만이 진리를 인식하며 과학에 입각한 기술만이 존재자에 대한 참된 관계라고 생각한다. 마르크스는 '과학적 사회주의'를 자처하고 심지어 그리스도교조차도 과학적 탐구결과를 자신을 정당화하기 위해서 원용한다. 이런 의미에서 사람들은 이 시대를 신화로부터 해방된 시대라고 보지만 하이데거는 이 시대를 새로운 신화에 의해서 사로잡힌 시대로 본다. 그러한 신화는 과학과 기술이 모든 문제를 해결할 수 있다고 믿는 신화이며 과학과 기술이 발전하고 있기 때문에 이 시대는 계속해서 진보하고 있다고 믿는 신화이다.* 이 점에서 하이데거는 막스 베버Max Weber가 근대를 탈마술화Entzuberung의 시대라고 보고 있는 반면에 마술화Verzauberung의 시대로 본다.

따라서 이 시대에는 전통적인 종교와 종교 사업은 번창하지만 신은 이미 죽어 있다. 다양한 세계관이 절대적인 근거나 무조건자 등을 체계의 근간으로 삼으면서 여전히 그리스도교적인 성격을 띠고 있지만 이러한 세계해석들은 세계에 대한 흥미로운 해석으로서 제시될 뿐 사람들을 사로잡는 힘을 더 이상 갖고 있지는 않다. 현대에는 종교는 예술과 마찬가지로 각 개인의 사적인 체험으로서 이해되며 종교를 이해한다는 것은 신화에 대한 심리학적이고 역사학적인 탐구로서 이해되

* 하이데거 전집 65권: *Beiträge zur Philosophie*, Frankfurt am Main, Vittorio Klostermann, 1989, 124쪽.

고 있다.

하이데거는 예술과 종교를 인간의 심리적인 체험의 표현으로 보는 근대의 경향은 궁극적으로는 근대에 인간이 세계의 중심으로서, 즉 주체로서 등장하게 된 데서 비롯되었다고 보고 있다. 예를 들어 칸트에서 신은 인간 주체의 관점에서 사유되면서 '도덕적 차원과 행복을 조화시키는 존재자'로서 요청되고 있다. 인간이 존재와의 근원적 관련을 철저하게 상실함으로써 신을 비롯한 모든 것이 인간의 안전과 행복을 확보하는 것을 중심으로 파악되는 것이다.

4

현대기술문명을 정초하는 사상가로서의 니체와의 대결

1
현대와 니체의 가치 사상

인간이 추구하는 가치나 규범이란 인간이 자신의 존립과 강화를 위해서 만들어내는 것이라는 극단적인 인간중심주의가 19세기 말 이후의 본격적인 기술시대를 지배하고 있다. 니체는 이러한 인간 중심적인 사유를 철학적으로 정초한 사람이고 그것을 철저하게 밀고 나간 사람이다.

니체는 인간이 자신의 삶의 보존과 강화를 목표하는 의지를 힘에의 의지라고 말하고 있거니와 하이데거는 현대인을 실제로 규정하는 것은 객관적인 가치나 규범이 아니라 오히려 맹목적인 힘에의 의지일 뿐이라고 보는 것이다. 사람들은 인류애나 정의와 같은 보편적인 가치를 위해서 자신들이 죽는다고 생각하지만 사실은 맹목적인 힘에의 의지를 위해서 죽을 뿐이다.

니체는 이 시대의 상황을 '신이 죽은' 상황으로 규정하고 있다. 니체가 신의 죽음을 말할 경우, 이 신은 무엇보다도 '그리스도교의 신'을 의미하지만 그것은 또한 그리스도교의 신뿐 아니라 '초감성적인 것' 일반, 즉 존재자 전체 '위'에 내걸려지면서 존재자 전체에게 목적과 의미를 부여하는 '이상'과 '원리'를 대표하는 명칭이다. 니체는 이러한 초감성적인 것 일반을 최고의 가치라고도 부르고 있다. 이러한 최고의 가치들로서 니체는 플라톤의 이데아나 그리스도교의 신을 들고 있다.

그러나 자연과학과 인류학을 비롯한 근대과학이 발달하면서 이러한 가치들은 그 자체로 존립하는 무조건적인 것이라는 주장은 거짓으로 판명되었다. 근대인은 그것들을 더 이상 믿지 않게 되었고, 그것들은 사람들을 절대적으로 구속하는 힘을 상실하고 말았다. 이와 함께 사람들은 그러한 가치들의 지배에서 해방되었지만 자신들이 지향해야 할 삶의 방향과 의미를 상실하고 말았다. 이런 의미에서 니체는 자신의 시대를 니힐리즘의 시대라고 보고 있다. 이 경우 니힐리즘이란 '초감성적인 것'의 지배력이 쇠퇴하고 소멸함으로써 그것에 근거하는 존재자들이 가치와 의미를 상실하는 것을 의미한다.

사람들은 이러한 방향 상실과 의미 상실을 두려워하여 그리스도교에 여전히 집착하거나 내면의 양심 혹은 민주주의나 사회주의와 같은 새로운 이념들을 절대적인 가치로 내세우면서 그것들에서 삶의 의미와 방향을 구하려고 한다. 이러한 새로운 이념들에는 '윤리적 세계질서', '사랑과 조화의 증대', '영구평화', '최대다수의 최대의 행복' 등이 속한다. 사람들은 이러한 가치들은 그 자체로 존립하는 무조건적인 목적이며 그것의 실현을 위해 모든 것이 동원되어야만 한다고 믿는다. 그러나 니체가 보기에 이러한 것들은 피안에 존재하는 것으로 여겨지던 절대적인 가치들을 자신의 내면이나 먼 미래에 옮겨 놓았을 뿐이다.

니체는 이러한 가치들은 객관적으로 존재하는 무조건적인 것이 아니고 근대인이 자신들이 처한 니힐리즘의 상황을 극복하기 위해서 만들어낸 허구라고 생각한다. 사람들은 그리스도교적인 신이 신빙성을 상실하고 그것을 대신할 수 있는 초시간적인 가치가 없기 때문에 근대인이 니힐리즘의 상황에 처하게 되었다고 생각하면서 새로운 초시간적인 가치들을 건립함으로써 니힐리즘을 극복하려고 한다는 것이다.

그러나 니체가 보기에 근대인이 부딪히고 있는 니힐리즘은 초감성적인 이념이 존재하지 않는다는 사실이 아니라 인간이 그러한 초감성적인 이념에 의존하지 않을 정도로 충분히 강해지지 않았다는 사실에 근거한다. 근대인은 그리스도교적인 신을 믿지 않을 정도로 성숙하게 되었지만, 모든 종류의 초감성적인 가치에 대한 의존에서 벗어나 자신을 가치들의 창조자이자 폐기자로 생각할 정도로 강한 존재는 아직 되지 못했다. 따라서 근대인은 기존의 초감성적인 가치들을 더 이상 믿지 않으면서도 자신들이 의존할 절대적 가치가 어디엔가 존재하는 것으로 생각한다. 그러나 이러한 절대적인 가치가 나타나지 않기 때문에 근대인은 자신의 삶에는 의미도 목표도 없다고 생각한다. 니체는 이러한 상태를 중간상태로서의 니힐리즘이라고 부른다.

이러한 상태는 아직 인간이 완전한 성인이 되지 못한 어중간한 상태에 있기 때문에 나타난다. 이러한 상태를 궁극적으로 극복하기 위해서는 인간은 더 이상 그 자체로 존재하는 절대적인 가치를 찾지 말고 자기 자신을 모든 가치규범의 원천으로 생각해야만 한다. 인간은 이제 더 이상 초감성적인 절대적인 가치는 존재하지 않으며 모든 가치는 자신의 힘의 유지와 성장을 위한 수단적인 의미밖에 갖지 못한다는 사실을 자각해야 한다. 더 나아가서 그는 이제 자신의 힘의 유지와 성장을 위한 가치들을 주체적으로 창조해야만 한다. 이러한 주체적인 인간을 니체는 초인Übermensch이라고 부른다. 초인은 그 어떠한 절대적인 가치들에 예속되지 않고 명민한 정신으로 그때마다 인간의 힘의 유지와 성장을 위해서 유연하게 가치들을 창조할 수 있는 인간이다.

따라서 니체는 신의 죽음을 비극으로 받아들이지 않고 인류가 자신을 강화할 수 있는 기회로 전환하려고 한다. 그는 신 대신에 초인이 살기를 바란다. 다시 말해서 그는 인간이 신을 비롯한 초감성적인 이념에 의존하는 것을 버리고 오직 자신의 힘과 능력으로 삶을 개척하는 강인한 존재가 되기를 바란다. 니체는 신이 죽은 근대란 인간의 고양과 강화가 요청되는 시대라고 본다.

이런 맥락에서 니체는 과거의 이른바 초감성적인 가치들도 인간이 자신의 가치를 확보하기 위해서 만들어낸 것이라고 생각한다. 인간은 혼돈의 세계에 전체적인 이념과 의미를 부여함으로써 세계에서 자신의 안전한 지위를 확보하려고 했다는 것이다. 따라서 니체는 그러한 가치들 자체가 그릇되고 허

황된 것이라고 보는 것이 아니라 그러한 가치들이 한때는 인간의 성숙을 위해서 필요한 것일 수 있었다고 생각한다. 이제까지의 최고의 가치들이 그릇되고 근거 없는 이유는 그것들이 세계에 하나의 의미를 부여했다는 데 있는 것이 아니라 그것들이 '자체적으로 존재하면서 무조건적으로 타당한 것'으로 간주되면서 사람들이 그러한 가치들을 더 이상 신봉할 필요가 없게 될 정도로 성숙하게 되었는데도 여전히 그것들에 의해서 구속되어 있다는 데에 있다.

원래 인간이 자신의 유지와 강화를 위해서 만들어낸 가치가 나중에는 오히려 인간의 자립과 성장을 막는 질곡이 되고, 인간은 자신이 만들어낸 이념의 노예가 된다는 것이다. 이 점에서 초감성적인 이념을 내세우는 철학적인 입장들에 대한 니체의 비판은 포이어바흐나 마르크스 및 프로이트Freud의 비판과 상통한다. 이들은 어떠한 이념들이든 처음에는 인간의 성장을 위해서 만들어진 것이었으나 '그 자체로 존재하는 것'으로 계속해서 신봉되면서 나중에는 인간의 성장을 저해하는 것으로 본다. 인간은 자신이 만든 것에 의해서 지배되는 소외현상이 빚어진다는 것이다.

니체에게 가치는 인간을 비롯한 모든 존재자의 본질인 '힘에의 의지'를 유지하고 강화하는 데 기여할 수 있는 조건들이다. 따라서 '가치'는 본질적으로 유용가치Nutzwert이며 결코 무조건적이고 절대적인 것이 아니다. 그것은 힘에의 의지를 강화하기 위한 조건이며, 힘에의 의지를 강화하는 데 더 이상 유용하지 않으면 폐기될 수 있는 것에 지나지 않는다. 가치가 무조건적인 것으로 이해될 경우 이미 그것의 본질이 잘못 해석된 것이다.

니체는 전통적으로 진리라고 불려온 것도 사실은 힘에의 의지가 자신을 강화하기 위해서 만들어낸 것이라고 보고 있다. 아울러 그는 '문화'라는 것 역시 정치·경제적인 현실과 무관한 고상하고 이상적인 것이 아니라 권력정치의 수단이며 문화정책의 대상이라고 본다. 그때마다의 권력의 목표와 권력의 단계에 따라서 다르게 추구되는 과학과 예술 그리고 문화는 권력의 수단에 불과하며 적의 진지에 대한 폭격과 본질적으로 동일한 것이다. 니체에서 기술과 예술 사이에 존재하는 차이를 강조하는 것은 아무런 의미도 갖지 않는다. 왜냐하면 기술이든 예술이든 문화든 그것들은 모두 가치이며 그것들의 위계는 권력의 상태와 목표에 따라 그때마다 달라지기 때문이다.

하이데거에 의하면 현대기술문명에서도 오직 이러한 힘에의 의지만이 모든 가치와 규범의 근거이며 가치와 규범은 힘에의 의지를 강화하는 수단에 불과할 뿐이다. 현대기술문명에서는 아무리 가치의 객관성과 보편성이 구가되더라도 그러한 가치는 인간의 주관적인 가치 평가작용에 의해서 정립된 것에 불과하다. 이러한 평가작용에 의해서 주관적인 욕망의 목표는 객관화되고 이를 통해 주관적 가치는 마치 객관적 존재인 것처럼 가장된다. 사람들은 가치 자체를 위해서 행동하는 것 같지만 현대인의 실질적인 관심사는 인간을 비롯한 모든 존재자를 지배함으로써 자신의 지배의지를 충족시키는 것일 뿐이다.

현대기술문명에서 가치는 지배의지를 정당화하기 위한 슬로건에 불과할 뿐이다. 사람들은 가치를 위해서 죽는 것이 아니라 자신의 지배의지를 위해서, 즉 다른 것들에 대한 자신의 우위를 입증하기 위해서 죽는다. 따라서 그러한 가치와 규범이 인간의 권력을 강화하는 데 기여할 경우에 그것들은 유의미한 것으로 인정되지만 그렇지 않을 경우에는 그것들은 언제든지 폐기처분된다.

단적으로 말해서 현대인은 조작주의적이고 실용주의적으로 사고한다. 이러한 사고방식에 따르면 모든 가치와 규범은 그 자체로서 타당하고 참된 것이 아니라 인간이 자신의 삶의 유지와 강화를 위해서 만들어낸 것들에 불과하다. 하이데거는 이러한 인간 중심적이고 조작주의적이며 실용주의적인 사상은 20세기에 비로소 나타난 새로운 사상이 아니라 이미 니체에 의해서 19세기에 정초된 것으로 보고 있다.

이런 의미에서 하이데거는 니체는 19세기에 살았지만 20세기의 사상가라고 말하고 있는 것이다. 따라서 현대를 지배하는 인간 중심적이고 조작주의적이고 실용주의적인 사상은 아무리 독창성을 내세워도 현대기술문명의 본질을 철학적으로 철저하게 사유한 니체 사상의 아류에 불과하다. 하이데거가 보기에 니체는 마르크스나 프로이트 그리고 20세기의 그 어느 사상가보다도 현대기술문명의 본질을 철저하게 사유하고 그것을 철학적으로 정당화한 사상가이다.

2

존재망각의 정점으로서 니체의 가치사상

하이데거에 따르면, 니체는 인간의 완전한 해방과 강화를 추구했으나 이러한 추구는 결국 인간을 진정한 자유로 이끌지 못하고 오히려 인간을 자신이 통제하지 못하는 지배의지의 노예로 만드는 결과를 낳았다. 이러한 지배의지란 존재의 진리를 상실한 것으로서 공허하기 그지없는 것이다. 따라서 니체는 신의 죽음과 함께 초래된 의미 상실을 인간의 힘을 극도로 강화함으로써 극복하려고 했지만 사람들은 오히려 철저한 의미 상실에 직면하고 있는 것이다. 하이데거는 이렇게 말하고 있다.

… 인간은 자신이 '의지에의 의지를 자유롭게 의지하는 자Freiwilliger'이기를 의지한다. 이러한 자에게 모든 진리는 의지에의 의지가 공허한 무das nichtige Nichts 이외의 다른 아무것도 의지할 수 없다는 사실을 자신에게 감출 수 있기 위해서 필요로 하

는 오류가 된다. 그는 그러한 공허한 무에 대해서 자신을 주장하지만 그 자신의 공허함은 깨닫지 못한다.*

하이데거는 근대인이 느끼는 가치 상실감과 의미 상실감은 니체가 말하는 것처럼 인간이 아직 진정하게 주체가 되지 못한 데서 비롯된다고 생각하지 않는다. 그것은 근대인의 삶에서 존재가 진정으로 구현되지 못했다는 데서 비롯된다. 근대인은 자신의 삶을 공허하게 느끼고 자신의 삶에서 존재가 빠져나갔음을 느낀다. 근대인은 과거의 인간과 비교할 수 없을 정도로 자연을 지배하고 있지만 자신의 삶에 대해서는 공허감과 불안감을 느끼고 있다. 하이데거는 이러한 사태는 인간이 자신을 비롯한 모든 존재자의 고유한 존재를 망각한 데서 비롯된다고 생각한다.

근대인이 삶에 대해서 느끼는 공허감과 불안감은 사실은 자신의 존재를 비롯하여 모든 것에 대해서 주체로서의 입장을 취한다는 데서 비롯된다. 니체는 근대인이 경험하는 공허감

* 하이데거 전집 7권: *Vorträge und Aufsätze*, Frankfurt am Main, Vittorio Klostermann, 2000, 68쪽.

과 불안감을 주체성을 극도로 강화함으로써 극복하려고 하지만 그것은 사실은 그러한 공허감과 불안감을 강화할 뿐이다. 이런 의미에서 하이데거는 니체는 근대의 니힐리즘을 극복하려고 하지만 사실은 완성하고 있다고 말하고 있는 것이다.

하이데거는 존재야말로 모든 가치와 규범의 원천이라고 생각한다. 이에 반해서 사람들은 보통 존재라는 개념은 가장 일반적인 개념이기 때문에 가장 무규정적인 것이라고 생각한다. 사람들은 이러한 사실은 존재라는 말을 항상 보다 구체적인 의미를 담은 말로 바꿀 수 있다는 데서 드러난다고 생각한다. 예를 들어서 '그 사람은 슈바벤 출신이다Der Mann ist aus dem Schwäbischen'는 그가 슈바벤에서 태어났다는 말로 바꿀 수 있으며, '그 책은 네 것이다das Buch ist dir'는 '그 책이 너에게 속한다'는 말로 바꿀 수 있고, '그 잔은 은제이다der Becher ist aus Silber'는 '그 잔은 은으로 만들어졌다'는 식으로 바꿀 수 있다.

그런데 하이데거는 존재라는 말을 도저히 다른 말로 대체할 수 없는 경우가 있다고 말하고 있다. 예를 들어서 '모든 산봉우리에 정적이 있다Über allen Gipfeln/ Ist Ruh'는 괴테Goethe의 시구를 우리는 '정적이 발견된다befindet sich', '일어나고 있다findet statt, '머무르고 있다hält sich auf', '지배하고 있다herrscht', '놓여 있다liegt', '주재하고 있다waltet'는 식으로 도저히 바꿔 쓸 수 없다는 것이다. 이 경우는 어떻게 바꿔 써도 적합하지 않다. 괴테의 시에 쓰인 '있다ist'라는 단어를 주해하려고 할 경우에 우리는 동요하고 주저하게 되며, 결국에는 그러한 주해작업을 포기하면서 그 시구를 그저 반복해서 읽게 될 뿐이다. 우리가 그것을 주해하려고 시도하지 않는 것은 그것에 대한 이해가 너무 복잡하고 너무 어렵기 때문이 아니라 '있다'라는 단어가 여기서는 너무도 단적으로einfach 언표되고 있기 때문이다.

그것은 일상적으로 끊임없이 별 생각 없이 쓰이는 여타의 통상적인 '있다'보다도 훨씬 더 단순하고 독특하게 언표되고 있다. 그러나 괴테의 시에서 쓰이고 있는 이 '있다'라는 단어가 갖는 '단순함das Einfache'은 그것이 공허하고 막연해서 더 이상 규정될 수 없다는 것을 의미하지 않는다. 오히려 여기서는 희귀한 풍요로움을 간직한 단순함이 말하고 있다. 우리가 그 '있다'에 대한 여러 해석을 앞에서 열거한 것은 지금 지적한 풍요로움을 간접적으로 시사하면서 증언하고 있다.

'존재'는 우리에게는 독특한 무규정성과 동시에 일종의 충만에 있어서 경험된다. 존재는 가장 공허한 것이면서 동시에 풍요로운 것이다. 존재는 가장 이해하기 쉬운 것이어서, 우리는 전혀 노력하지 않고도 존재에 대한 이해 안에서 살고 있다는 사실을 전혀 주의하지 않는다. 이렇게 가장 이해하기 쉬운 것은 동시에 가장 적게 개념적으로 파악된 것이며 개념적으로 파악될 수 없는 것이다. 이는 우리는 보통 어떤 것을 다른 것과의 비교를 통해서 파악하지만, 존재와 비교될 수 있는 것은 아무것도 없기 때문이다. 이런 의미에서 존재는 가장 일반적인 것처럼 보이지만 사실은 가장 유일한 것das Einzige이다. 따라서 존재는 가장 이해하기 쉬운 것이면서도 가장 이해하기 어려운 것이다.

현대인은 존재가 가장 공허한 것이고 가장 일반적인 것이며 가장 이해하기 쉬운 것이라고 생각한다. 이에 대해서 존재가 가장 풍부한 것이고 유일무이의 것이며 모든 개념파악에 저항하는 것이라는 사실은 철저하게 망각되고 있다. 따라서 현대인을 근저에서 지배하고 있는 존재이해를 철학적으로 정초하는 니체는 '존재'를 공허하면서도 필연적인 추상물로서 해석하면서 '증발된 실재의 최후의 연기'라고 말하고 있다. 니체는 존재는 이렇게 어떠한 실재성도 갖지 못하기에 그것은 우리에게 어떠한 척도도 될 수 없다고 생각하며 우리는 인식과 행위의 척도를 힘의 유지와 강화에서만 구해야 한다고 생각한다.

하이데거는 인간의 존재뿐 아니라 다른 모든 존재자의 존재를 진정으로 경험한 것은 플라톤 철학이 대두되기 전의 그리스인들이었다고 생각한다. 이에 대해서 근대로 갈수록 인간은 자신을 다른 존재자들에 대한 주체로 간주하면서 존재를 망각한다.

3
니체의 가치사상과의 존재사存在史적 대결

흔히 니체는 근대와 근대의 형이상학을 극복하려고 한 사상가로 평가되고 있지만, 니체야말로 하이데거가 보기에는 데카르트Descartes 이래 시작된 근대주체성의 철학을 극단으로까지 밀고 나간 사상가이다. 니체는 그 모든 초월적인 가치와 규범을 부정하고 힘에의 의지를 모든 가치와 규범의 근원으로 보며 이는 데카르트에서부터 시작된 신으로부터의 인간의 독립을 궁극에까지 밀고 나간 것이다.

따라서 후기 하이데거는 니체가 자신을 근대형이상학의 극복자라고 자부하고 있으면서도 사실은 근대주체성 형이상학에 의해서 얼마나 강하게 규정되고 있는지를 고찰하고 있다. 이러한 고찰은 근대주체성 형이상학의 기원과 본질을 고찰하는 방식으로 행해지며 이는 다시 서양의 역사 전체에 대한 반성으로까지 나아간다. 하이데거는 서양의 역사를 존재망각의 역사로 보면서 이러한 존재망각이 근대에 와서 어떻게 심화되는지를 고찰한다.

니체의 가치사상에 대한 하이데거의 대결은 서양의 역사 전체에서 니체의 사상이 차지하는 위치와 의의에 대한 반성을 통해서 전개된다. 이러한 대결을 통해서 하이데거는 단순히 니체라는 사상가의 역사적 기원과 본질을 고찰하는 것에 그치지 않고 니체가 철학적으로 정초하는 현대기술문명과 현대인 그리고 니체의 아류에 불과한 현대의 다양한 인간중심주의적인 사조들이 서 있는 역사적인 위치를 고찰하고 있다.

이러한 고찰은 서양 역사의 각 시대를 정초하는 서양 형이상학의 역사에 대한 반성으로 전개된다. 이러한 역사적인 반성은 서양 형이상학의 역사를 존재가 자신을 개시하면서 은폐하는 존재의 역사로 보면서 이러한 존재가 각 시대마다 어떻게 개시되는지를 추적하는 방식으로 행해진다. 여기서 우리는 서양 형이상학의 역사를 하이데거를 따라서 크게 고대 그리스의 자연철학과 플라톤과 아리스토텔레스 그리고 토마스 아퀴나스Thomas Aquinas에 의해서 대표되는 고대 그리스와 중세의 고전적인 형이상학과 근대형이상학 그리고 니체의 가치사상에 의해서 대표되는 기술시대의 형이상학으로 나누어서 고찰할 것이다.

1) 고대 그리스의 자연철학과 고중세의 고전적 형이상학

서양 형이상학에서 존재 전체를 처음으로 사유한 철학은 파르메니데스Parmenides와 헤라클레이토스 그리고 피타고라스Pythagoras 등으로 대표되는 자연철학이었다. 이 경우 전체는 존재, 자연(퓌지스), 세계(코스모스), 진리(알레테이아aletheia)라고 불

렸다. 막스 뮐러는 이러한 자연철학적인 사유를 '최대의 포괄자에 대한 명상Andacht'으로서 규정하고 있다. 여기서 사유는 경건한 사유이다. 그것은 존재자들의 작용법칙을 파악함으로써 그것들을 지배하려는 사유가 아니라, '모든 것이 생성과 소멸하는 와중에서도 동일하게 자신을 유지하는 전체'에 대한 찬양이다.

현대의 철학자들이 전체에 대해서 물을 경우, 이러한 물음은 1차 대전과 2차 대전 이후의 폐허 속에서 전체적인 질서와 의미가 소실되고 도처에 혼돈과 무의미밖에 존재하지 않는 불안과 절망에서 비롯된 것이었다. 이에 대해서 전체에 대한 고대 자연철학자들의 물음은 '존재가 가상에 대해서, 통일이 다양성에 대해서, 그리고 질서가 혼돈에 대해서 항상 이미 승리를 거두었다'는 사실에 대한 경이와 경탄에서 비롯되는 물음이다. 개개의 사물들이 보이는 다양성과 대립에도 불구하고 어떻게 해서 전체적인 통일이 존재할 수 있는지에 대한 자연철학의 물음은 사실은 '사유하는 송가bedenkender Hymnus'이며, 전체적인 통일자를 찬양하는 사유였다. 이 경우 존재 안에 깃들어 있는 대립, 즉 밤과 낮, 탄생과 죽음과 같은 대립은 '극복 불가능한 비극'으로서가 아니라 헤라클레이토스에서 보는 것처럼 오히려 '생의 본질'로서 찬양되고 있다.

따라서 우리가 고대 그리스의 자연철학을 이해하려고 한다면 이것이 존재 전체 앞에서 경험했던 경이라는 근본기분Grundstimmung으로 진입하지 않으면 안 된다. 경이라는 기분은 근대가 대두하고 번성하던 시대에 근대인을 규정했던 의심이라는 근본기분과 근대가 말기적 증세를 노정하고 있는 오늘날 현대인을 근저에서 규정하고 있는 불안과 권태 그리고 절망과는 전적으로 성질을 달리하는 기분이다. 근대인과 현대인이 이러한 기분들에 의해 근본적으로 사로잡혀 있는 한, 고대 그리스의 자연철학자들이 경험하고 드러내려고 했던 존재 전체는 근대인과 현대인에게는 사실상 닫혀져 있는 것이다.

존재 전체에 대한 서양 형이상학의 두 번째 형태는 플라톤과 아리스토텔레스 그리고 토마스 아퀴나스에 의해서 대표되는 '존재론적인 형이상학'이다. 여기서 전체에 대한 물음은 '전체에 대한 찬양과 명상Andacht'이 아니라 '전체에 대한 개념적인 파악'이라는 형태로 나타난다. 이러한 형이상학은 '하나의 존재자가 끊임없이 변화하면서도 불변적인 동일성을 유지할 수 있는 근거'에 대해서 묻는다. 그 근거는 본질이라고 사유된다.

이 경우 본질은 무수히 나타났다가 사라지는 사물들 가운데서 등장하는 어떤 사물이 아니라 그런 무상한 것들의 근저에 놓여 있으면서 그것들의 변화에 의해서 영향을 받지 않는 지속적이고 불변적인 어떤 것이며, 생성에 지속적인 형태를 부여하면서 생성을 실질적으로 이끌고 규정하는 지배자이다. 본질은 영속적이고 불변적인 현전성現前性이며 존재자에 깃듦으로써 '생성 변화하는 존재자'에게 존립과 지속적인 실존을 부여한다. 이러한 본질적인 형상을 상실하면, 이러한 형상을 소유하는 것은 단순히 변화되는 것이 아니라 소멸하게 된다. 즉, 그것은 본질적으로 파괴된다.

이러한 본질들은 하나의 전체적인 질서, 즉 세계Kosmos를 형성한다. 이러한 전체적인 본질 질서는 최고의 존재자를 정점으로 하나의 위계질서를 형성하고 있으며 본질은 이러한 위계질서에서 하나의 존재자가 차지하는 지위를 의미한다. 모든 존재자는 이러한 전체적인 위계질서 안에 존재한다. 이러한 형이상학은 플라톤과 아리스토텔레스뿐 아니라 중세까지도 규정한다. 우리는 이러한 형이상학을 고전적인 형이상학이라고 부를 수 있을 것이다. 그것은 단순히 옛날 것이라는 의미에서가 아니라 고전적인 안정과 균형을 지향한다는 의미에서 고전적인 철학이다.

고전적인 형이상학의 한계는 존재 전체가 어떻게 개현되는가를 사유하지 않는 데에 존재한다. 그것은 존재자를 어떤 특정한 부분영역에 속하는 것으로서가 아니라 존재 전체에 속하는 것으로서 고찰하며 아울러 그것을 인간의 이해관심의 대상으로서가 아니라 그 자체로서 고찰하려고 한다. 따라서 고전적 형이상학은 인간은 이미 전체에 나가 있고 전체를 이해하고 있다는 사실을 전제하고 있다. 그러나 이러한 형이상학은 그러한 존재 전체가 어떻게 해서 인간에게 자신을 드러내는지, 그리고 존재 전체에 대한 이해가 어떻게 가능한지를 묻지 않는다. 그것은 전체의 관점에서 존재자 전체의 구조와 질서를 고찰할 뿐이며 그러한 고찰이 전제하는 전체에 대한 이해가 우리에게 어떻게 주어지는지를 묻지 않는 것이다. 존재자 전체의 구조와 질서를 탐구하는 것이 형이상학이라면 그것은 형이상학을 수행할 뿐이며 그러한 형이상학의 가능근거에 대해서까지는 묻지 않고 있다.

고전적 형이상학은 우리가 존재에 대한 이해를 갖고 존재자 자체에 이미 나가 있으며 존재자 자체를 파악할 수 있다고 보는 점에서 실재론이다. 막스 뮐러는 이러한 고전적 형이상학은 존재에 대한 이해를 당연한 것으로 전제하면서 그러한 이해에 입각하여 전체의 질서 내에서 본질들의 질서를 탐구하는 데에 그친다는 점에서 본질철학이라고 부르고 있다. 이러한 철학에서는 본질이 중심을 차지하며 그것은 존재 전체가 본질들을 증여한다고 보는 것이 아니라 존재 전체를 단순히 본질들의 전제적인 질서에 불과한 것으로 본다. 따라서 이러한 철학은 전체가 우리에게 먼저 개현되는 것을 통해서만 우리에게 존재자의 본질도 진정하게 드러날 수 있다는 사실을 망각하고, 본질은 단순히 눈앞에 존재하는 존재자들에서 공통된 특성들을 추상하는 것을 통해서 파악될 수 있다고 생각한다.

2) 근대 주체성 형이상학

(1) 중세에서 근대로

중세에는 신적인 계시가 철학적 사고의 지침이 되었다. 신적인 계시를 담은 성서에 의하면 존재자는 인격적인 창조신에 의해서 창조되었으며 그것에 의해 보존되고 주재된다. 존재자 전체는 신의 피조물이라고 말해지지만 이러한 교의는 고대 그리스철학처럼 '존재자란 무엇인지'에 대한 인식을 전하려고 하는 것을 목표하지 않고 인간을 구원으로 이끄는 것을 목표한다. 개개의 영혼을 구원하는 것이 중요한 것이며 인식 자체가 중요한 것은 아닌 것이다. 모든 지식은 구원의 질서에 관계되어 있으며 구원에 기여하는 것을 목표한다.

근대는 인간이 그리스도교적 구원의 진리에 상응하는 확실성을 자신으로부터 그리고 자신의 힘으로 찾으려고 하는 것과 함께 시작된다. 중세 그리스도교시대에 대해서 근대die neue Zeit가 갖는 새로운 점das Neue은 인간이 존재자 전체의 한가운데서 자신의 존재를 자신으로부터 그리고 자신의 힘으로 확보하는 데에 존재하는 것이다. 구원의 확보라는 그리스도교적인 관심사는 인수되지만, 근대가 지향하는 '구원'은 피안의 영원한 지복이 아니며 구원으로 이르는 길도 신앙이 아니라 인간이 갖는 모든 창조적인 능력을 철저하게 발전시키는 데에 존재한다.

이와 함께 자신의 존재가 어떻게 확실하게 보장될 수 있는가라는 물음이 근대에는 초미의 관심사가 된다. 중세에서는 구원과 진리의 길은 교리doctrina로서 확립되어 있던 반면에, 근대에는 새로운 길의 탐구가 결정적인 것이 되는 것이다. 따라서 형이상학의 주도적인 물음은 고대와 중세의 고전적인 형이상학에서처럼 '존재자란 무엇인가'가 아니고 '존재자 전체의 한가운데에서 인간의 인식과 행위를 위한 무조건적인 부동의 근거는 무엇인가'라는 것이 된다.

근대철학의 발단에는 '나는 생각한다, 고로 나는 존재한다 ego cogito, ergo sum'는 데카르트의 명제가 서 있다. 존재자 전체에 대한 모든 의식은 모든 확실성의 부동의 기초인 인간주체의 자기의식으로 환원된다. 이것은 사유된 것이 인간에 의해서 사유된 것인 한 항상 인간 자신과 관련을 갖는다는 자명한 사실을 의미하지는 않는다. 데카르트의 명제에서 새로운 점은 인간의 의식이 존재자란 무엇이고 어떠한 방식으로 존재하는지를 결정하는 최고의 그리고 유일한 '재판소'로서 정립되고 있다는 사실이다.

데카르트가 말하는 cogito, 즉 사유는 '우리 앞에 세운다'는 의미의 표-상작용vor-stellen이다. 이러한 사유는 '대상을 자신 앞에 세워 확실하게 노정시킴으로써 의문의 여지가 없는 것만을 확실히 확보되고 진정으로 표-상된 것으로서 간주하려고 하는 의심dubitare'이라는 성격을 갖는다. 이 경우 '의심한다'는 것은 '추호의 의문이 없도록 철저히 검토하고 계산한다'는 것을 의미한다. 그것은 '모든 것을 언제든 확실하게 계산되고 처리될 수 있는 것으로 확보하는 것'이다. 이러한 사유에서는 자신이 철저하게 계산을 끝낸 결과 의문의 여지가 없는 것으로 증시된 것만이 참된 것으로 인정된다.

참된 것은 고대 그리스의 자연철학과 고전적 형이상학에서처럼 자신의 진리를 스스로 드러내는 '존재자' 자체가 아니라, 인간 주체의 철저한 계산에 의해서 확보된 것, 즉 확실한 것이다. 진리는 더 이상 존재자가 은폐로부터 자신을 스스로 드러내는 알레테이아aletheia, 비은폐성가 아니라 확실성Gewißheit이

되는 것이다. 이러한 표-상작용을 통해서 인간은 존재자에 대한 철저한 탐구와 존재자 전체의 한가운데에서의 전진 그리고 그것의 정복과 지배를 수행하며, 신과 같은 그 어떠한 외적인 존재의 도움 없이도 자신의 안전을 주체적으로 확보할 수 있게 된다.

그리스와 중세의 인간은 비록 각각 다른 공간에 서 있기는 하지만 그래도 그들은 우리 인간은 인간에게 의미와 지침을 부여해주는 개방된 영역 안에 자신의 자리를 갖고 있다고 생각하는 점에서는 일치한다. 그러나 근대인은 이러한 영역을 인정하지 않는다. 인간은 존재 전체의 연관 안에 서 있는 것도 아니고 신앙의 의미연관 안에 서 있지도 않으며 이미 존재하는 어떠한 의미연관 안에도 서 있지 않다. 인간은 이제 그 스스로가 가장 포괄적인 지평이 된다. 이에 따라서 존재론은 근대에는 인식론이라는 형태를 취하게 된다.

진리가 확실성이 되고 이에 따라서 존재자의 존재자성οὐσια이 의식적인 지각과 사유의 대상성으로 변하는 한에서, 앎과 인식이 전면에 등장하게 된다.

인식론과 사람들이 인식론이라고 여기는 것은 근본적으로 '확실하게 눈앞에 세우는 표상작용의 확실성으로서의 진리'에 근거한 형이상학과 존재론이다.
이에 대해서 '인식론'을 '인식'에 대한 설명으로 해석하거나, 학문에 대한 '이론'으로 해석하는 것은 그릇된 것이다. 비록 이렇게 확실하게 하는 일이 존재가 대상성과 '눈앞에 세워져 있음(표상성)'으로 변화된 결과 나타난 하나의 현상에 불과할 뿐일지라도 말이다.
'인식론'은 근대 형이상학의 증대하는 본질적 무능력, 즉 자신의 고유한 본질과 그 근거를 알지 못하는 무능력에 대한 명칭이다. '인식의 형이상학'이라는 말은 '자기 오해'의 산물이다. 실제로 문제가 되고 있는 것은 대상의 형이상학, 즉 대상으로서의 존재자, 주체에 대한 객체의 형이상학이다.*

사람들은 인식론이 인간 일반이 갖는 인식 구조에 대한 분석이라고 생각하지만 그것은 근대적인 주체와 그러한 주체에

* 하이데거전집 7권: *Vorträge und Aufsätze*, Frankfurt am Main, Vittorio Klostermann, 2000, 71쪽.

의해서 표상된 대상의 본질에 대한 존재론이라는 것이다.

이러한 근대적인 주체에게는 '확실하게 계산되는 것을 통해서 우리의 안전을 보장하는 존재자만이 진정한 의미에서 존재하는 것'으로 간주된다. 이는 수학적 인식 내지 '수학'에 근거한 인식을 통해 파악되어지는 존재자만이 존재하는 것으로 간주된다는 것을 의미한다. 왜냐하면 확실하게 계산하는 사유는 수학적인 사유이기 때문이다. 그리고 수학적으로 계산될 수 있는 것은 연장延長, 공간적인 것이란 성격을 갖기 때문에, 사유하는 인간을 제외한 유한자의 영역인 '자연'은 '연장적인 사물res extensa'로서 파악된다.

하이데거는 자연을 '연장적인 사물'로서 보는 데카르트의 해석이야말로 근대의 동력기계기술과 기술문명을 형이상학적으로 가능하게 했다고 생각한다. 하이데거는 디젤 엔진과 같은 것은 일찍이 갈릴레이나 데카르트와 같은 철학자들에 의해서 '자연'이 기계 기술적으로 이용 가능한 것으로서 철저하게 사유함으로써 가능하게 되었다고 본다. 사람들이 보통 디젤 엔진은 디젤이 그것을 발명했기 때문에 존재한다고 생각하지만, 데카르트의 철학이 자연을 새롭게 사유하는 것을 통해서 발명가들이 새롭게 탐구를 할 수 있는 지평을 열어주지 않았다면 그러한 모든 발명은 일어나지 못했을 것이다. 따라서 근대가 시작할 때 일어난 사유방식의 변화는 혁명적인 성격을 갖는다. 그것은 학문뿐 아니라 삶의 방식의 혁명을 초래했다.

데카르트 자신은 자연을 '형태와 운동(위치와 운동상태)에 따라서 표-상되어지는 존재자, 즉 예견될 수 있고 예견될 결과에 따라서 지배될 수 있는 res extensa'로 보는 새로운 자연해석이 장차의 인류 역사에 대해서 가질 의의를 분명히 자각하고 있었다. 데카르트는 이렇게 말하고 있다.

> 왜냐하면 그것들은(cogito sum에 근거하여 자연의 본질에 대한 새로운 구상을 규정하는 개념들) 삶에 매우 유용한 인식에 도달할 수 있다는 전망, 즉 미리 주어진 진리를 단지 추후적으로 개념적으로 분석할 뿐인 저 강단철학 대신에 직접 존재자에게로 향하면서 불과 물, 공기, 별들과 천체 그리고 우리를 둘러싸고 있는 모든 물체의 힘과 작용에 대한 인식에 도달하는 철학을 발견하는 것이 가능하다는 전망을 나에게 열었다. 그리고 (그러한 요소적인 것,

불, 물, 공기 등의 요소들에 대한) 이러한 인식은 장인匠人들의 여러 활동에 대한 우리의 인식과 마찬가지로 정확할 것이다. 따라서 우리는 이러한 인식들을 적합한 모든 목적을 위하여 사용할 수 있을 것이며 이러한 인식들(표상하는 새로운 방식)을 통하여 우리는 자연의 지배자이자 소유자가 될 것이다.*

(2) 칸트의 주체성 형이상학과 독일관념론

하이데거는 데카르트에게서 처음으로 대두되는 근대적인 존재관과 진리관을 중세 존재론의 영향에서 벗어나 자각적으로 표현한 사람은 칸트였다고 생각한다. 칸트는 데카르트가 이미 사유했던 것을 단순히 반복하는 것이 아니라, 데카르트가 처음으로 묻기 시작하면서 정립했던 것을 비로소 명확히 그리고 자각적으로 사유하고 있다는 것이다. 이와 마찬가지로 막스 쉘러도 고중세의 고전적 형이상학이 결정적인 위기에 봉착하게 된 것은 누구보다도 칸트에서라고 말하고 있다.

고중세의 고전적 형이상학은 존재자 자체의 본질을 탐구하

* 데카르트 전집 6권, E. 질송판, 1925, 61쪽 이하(마르틴 하이데거, 『니체와 니힐리즘』, 박찬국 옮김, 지성의 샘, 273쪽 이하에서 재인용).

고 이러한 본질들 간의 질서를 드러내면서 궁극적으로 전체를 개념적으로 파악하는 것을 목표한다. 그리고 고전적인 형이상학은 우리가 이렇게 존재자 자체의 본질과 본질들의 전체적인 질서를 파악하기 위해서는 이미 선행적으로 전체를 이해하고 있어야만 한다는 사실을 인정하고 있다. 이는 이러한 전체의 빛 안에서만 우리는 그러한 개념적인 추상과 추론을 행할 수도 있기 때문이다. 물론 그것은 이러한 전체의 빛이 우리에게 어떻게 주어지는지를 묻지 않았고 다만 그것을 당연히 전제하면서 본질들의 파악과 본질들 간의 관계질서를 파악하는 데 몰두했을 뿐이다.

그러나 근대적인 형이상학을 건립한 칸트는 유한한 존재인 인간이 과연 전체에 대한 이러한 선행적인 이해를 가질 수 있는지 그리고 그러한 선행적인 이해의 빛에서 과연 존재자 자체와 본질 자체 그리고 존재 전체를 인식할 수 있는지를 의심한다. 칸트는 인간은 전체 내의 극히 작은 일부에 지나지 않기 때문에 전체에 대한 선행적인 이해나 그에 입각한 전체에 대한 개념적인 파악도 불가능하다고 생각한다. 한갓 개별적인 존재자에 지나지 않고 일생 동안 겨우 몇 개의 사태를 접할 뿐인 인간이 전체가 무엇인지를 아프리오리하게 알 수는 없다는 것이다.

우리 인간이 아프리오리하게 그 근본구조를 인식할 수 있는 전체는 우리 자신의 의식일 뿐이다. 따라서 무제약적인 본질 대신에 상대적인 본질, 즉 우리가 우리의 감각기관들을 자극하는 존재자들을 인식하기 위해서 불가결하고 필수적인 지성범주가 들어선다. 그리고 무제약적인 전체 대신에 우리의 경험적인 인식으로 하여금 끊임없이 최종적인 근거로 파고들어 가도록 이끄는 규제적인 이념일 뿐인 이성이념이 들어선다. 그러나 이러한 본질과 전체는 인간이 존재자들을 인식하기 위한 수단에 불과할 뿐이다. 그것들의 타당성은 고전적 형이상학에서처럼 그것들이 존재 자체에 본질적인 것이고 존재 자체에 상응하는 것이라는 데에 있는 것이 아니다. 그것들의 타당성은 우리들의 감성에 주어지는 잡다한 감각자료들에게 질서를 부여하기 위해서는 그것들이 불가결하다는 데에 있을 뿐이다.

칸트는 존재자는 존재자 자체로서가 아니라 주관에 대한 대상으로서만 인식된다고 말하고 있다. 이러한 대상은 칸트가 말하는 무사無私, interesselos의 의식 일반, 즉 모든 개별적이고 특수한 실제적인 관심에서 벗어나 있는 의식의 대상으로서 존재한다. 순수주관은 자신에게 인식되는 대상이 어떠한 성격을 갖추어야 할지를 미리 규정한다. 칸트가 말하는 초월론적 통각이란 주관에 대해서 존재하는 모든 대상이 주관의 인식대상이 될 수 있기 위해서 갖추어야 할 조건들의 총체이며 그러한 조건들은 주관 자신이 제정하는 것이다. 따라서 칸트에게서 유의미한 대상들이 나타날 수 있는 최대의 지평은 초월론적 통각이다.

칸트에게서는 이제 존재 전체로의 초월 대신에 인간의 순수의식 안으로의 귀환이 등장한다. 모든 존재자가 존재자로서 공통적으로 갖는 근본구조가 범주라고 불린다면 이제 범주는 의식에 의해서 아프리오리하게 제정된 경험가능성의 조건들을 의미하게 된다. 존재자 자체는 의식의 대상이 되고, 본질 자체는 대상의 대상성을 구성하는 범주가 되며, 존재는 순수하고 보편적이며 초개인적인 의식주관이 된다.

이러한 순수의식을 규정하는 근본기분은 데카르트적인 의심이라는 기분이다. 이 경우 의심이라는 기분은 모든 것이 불

확실하지만, 인간 자신의 이성의 힘으로 자신이 감각적으로 경험하는 존재자들 간에 성립하는 작용법칙을 철저하게 인식하고 계산해 낼 수 있으며 이러한 계산과 예측을 통해서 존재자 전체 내에서 자신의 안전한 지위를 확보해 나갈 수 있다는 자신감이다.

이렇게 의심이라는 근본기분에 의해서 규정되어 있는 순수의식은 세계를 '수학적으로 계산 가능하고 예측 가능한 힘들의 연관체계'로서 구상한다. 이러한 세계이해에 근거하고 있는 근대의 자연과학은 정밀한 수학적 자연과학이 된다. 근대의 자연과학은 자연을 양, 운동, 힘, 공간, 시간 등 수학적으로 계산될 수 있는 몇몇의 요소에 한정한다. 즉 모든 현상은 그것들이 자연현상들로서 표상되는 한, 항상 측정가능한 시-공간적인 운동량으로 환원될 수 있는 것으로서 간주된다.

이러한 세계에서는 모든 존재자의 질적인 차이는 부정되고 양적인 차이만이 인정된다. 실질적으로 존재하는 것은 각자의 고유한 본질을 갖는 개개의 존재자들이 아니라 '자신 내의 모든 것을 수학적인 관계를 통해서 결합하고 있는 전체로서의 세계'뿐이다. 그 외의 다른 것들은 이러한 세계가 작동하기 위한 계기들일 뿐이다.

고전형이상학이 각각의 존재자에게 고유한 본질을 인정하는 실체 존재론이었다면 근대의 존재론은 모든 것을 수학적인 법칙에 따라서 작동하는 전체의 양적인 계기들로 파악하는 체계 존재론Systemontologie이다. 서양의 고대인과 중세인은 모든 존재자를 자신의 내적인 본질규정에 따라서 다른 존재자들과 관계를 맺는 실체Substanz로 보았다. 실체로서의 존재자는 다른 존재자들과 관계를 맺더라도 항상 자신의 고유한 본질에 입각하여 관계를 맺는다. 이에 대해서 근대는 체계System라는 근본상Grundbild을 통하여 사물을 본다. 이러한 체계 안에서는 구체적인 인간을 포함한 개별적이고 독립적인 실체들은 '전체적인 체계가 작동하기 위해서 필요한 기능들'로 환원된다. 그것들은 체계 내의 비독립적인 계기Moment들이 되는 것이다.

칸트에 의해서 건립되는 미래의 형이상학은 비판에 의해서 관철된다. 이 경우 비판이란 구별을 의미하며 칸트는 현상과 본체를 구별한다. 이전의 고전적 형이상학은 이러한 구별을 알지 못했기 때문에 좌초되어 종말에 이를 수밖에 없었다. 이러한 구별을 자각하면서 수행될 미래의 형이상학은 두 가지 형태를 갖는다.

하나는 이론적 형이상학으로서 초월론적 철학, 즉 대상들을 성립시키는 아프리오리한 조건들에 대한 탐구이다. 고전적 형이상학이 수행한 존재론 대신에 아프리오리한 대상론이 등장한다. 대상적인 경험세계에 대한 이러한 초월론적 철학은 자연형이상학이라는 명칭을 갖고 있으며 이 경우 자연이란 질서 있게 통일된 경험세계를 말한다. 이러한 자연의 형이상학은 분명히 학으로서 성립한다. 그러나 초월론적 철학으로서의 이러한 학적인 형이상학은 존재를 향해 초월하는 것이 아니라 초월론적 통각으로 초월한다. 이러한 초월론적 철학이 그럼에도 형이상학이라고 불리는 것은 그것이 개별과학처럼 자연의 내부에서 현상들의 연관과 그것의 법칙들을 탐구하기 때문이 아니라 모든 영역을 포괄하는 자연 전체를 주제로 하고 있기 때문이다.

그러나 칸트에게는 미래의 형이상학의 두 번째 형태가 존재한다. 그것은 실천적 형이상학으로서 절대적 의지의 형이상학이다. 절대적인 도덕률을 내면에서 경험하면서 우리는 자신을 '필연적인 자연법칙에서 벗어나 있는 자유로운 인격'이자 절대적인 존엄성의 소유자로서 확신하게 된다. 절대성은 경험되지만 그것은 학적인 경험의 연관 안에 질서 있게 편입될 수는 없다. 그것은 객체화될 수 없기 때문이다. 만약 학이 객체에 대한 학, 즉 현상하는 객체의 연관과 통일에 관한 올바른 판단들의 체계라면 이러한 실천적인 형이상학은 어떠한 학도 아니다. 그럼에도 불구하고 그것은 절대적인 확실성을 갖는다.

칸트의 실천적 형이상학을 규정하는 근본경험은 우리의 유한한 의지 안에 존재하는 절대적이고 무한한 차원에 대한 경험이다. 이러한 경험을 계승한 것이 피히테Fichte와 셸링Schelling 그리고 헤겔의 독일관념론이다. 우리 내부에 깃들어 있는 절대자에 대한 칸트의 비대상적인 경험은 독일관념론에서 반성적인 방식으로 장대하게 체계화된다.

피히테와 셸링 그리고 헤겔의 체계는 모두 현상을 넘어서 절대적인 존재자 자체로 나아가려고 한다. 헤겔의 절대적 반성과 절대적 변증법은 정신을 체계 안에서 자기 자신에 도달하는 역사적 정신으로서 서술한다. 이와 동시에 단순한 의식의 세계는 초월되고 이 세계는 정신의 역사 안에서 체계적으로 자신을 전개하는 절대 정신과 절대적 자유의 세계가 된다. 정신 자체는 자신을 인식하는 신 자체와 동일시되고 그러한 절대정신으로서 모든 특정한 세계 형태에 대한 근거가 된다.

3) 기술시대의 형이상학으로서의 니체의 형이상학

(1) 니체의 형이상학

근대의 역사는 모든 것이 주체의 대상으로 변화되고 주체의 주체성이 갈수록 강화되어 가는 과정이다. 이러한 주체성의 강화는 니체에서 정점에 이른다. 하이데거는 이러한 과정을 데카르트에서 니체까지 오류라는 것이 어떻게 파악되는지를 살펴보는 것을 통해서 들여다보고 있다.

데카르트에게는 인간이 오류에 빠진다는 것은 인간이 유한하다는 것을 의미한다. 인간은 표-상작용의 주체이기는 하지만 이 주체는 제한되어져 있고 유한한 존재다. 인간은 절대적인 인식을 소유하고 있지 않으며 그리스도교적으로 말하면 신이 아니다.

이에 반해 헤겔에게 비진리는 진리의 한 단계와 한 양태가 된다. 주체성은 자신의 본질적으로는 절대적인 주체성을 실현해나가는 활동 안에서 그것의 주체성을 제한하는 비진리를 무조건적인 절대지로 지양해 나아간다. 모든 오류와 거짓은 주체가 자신의 주체성을 완전히 실현하기 위해서 정립한 것이 되며 사실상 참된 것으로 간주된다. 부정적인 것은 절대적인 표상작용의 긍정성에 속한다. 주체성은 여기서는 그것을 조건 지우는 모든 것을 그 자체 안에 매개하고 지양하는 무조건적인 표-상작용(절대정신)이다.

니체에게도 주체성은 똑같이 하나의 무조건적인 주체성이지만 진리의 본질이 달리 규정됨에 따라서 헤겔에서와는 다른 의미를 갖는다. 진리 자체는 힘에의 의지가 자신의 유지와 강화를 위해서 정립한 것이 된다. 니체는 진리를 오직 힘에의 의지를 유지하기 위한 하나의 필연적인 가치로서만 인정한다.

니체에 의하면 표-상작용 내에서 표상된 것이 실재 자체를 드러내는지는 의심스러우며 심지어 부정되지 않으면 안 된다. 왜냐하면 실재하는 모든 것은 생성이지만 모든 표-상작용은 확정이라는 성격을 갖기 때문에 생성을 구속하며 생성하는 것을 '있는' 그대로가 아니라 정지 상태에서 보여주기 때문이다. 표상작용은 오직 실재의 가상만을 제시할 뿐이다. 따라서 표상작용에서 참된 것으로 간주된 것은 생성하는 실재에 비춰 볼 때 본질적으로 오류이다. 진리는 오류이지만 하나의 필연적인 오류이다.

> 진리는 어떤 특정한 종류의 생물(즉, 인간)이 그것 없이는 살 수 없는 종류의 오류이다. 생을 위한 가치가 궁극적으로 결정한다.*

이런 의미에서 니체는 진리의 본질을 '정의Gerechtigkeit'라고 부르고 있다. 물론 우리는 '정의'라는 말로 니체가 의미하는 바를 제대로 파악하기 위해서는 그리스도교적이며, 휴머니즘적이고, 계몽주의적이며, 부르주아적이고 사회주의적인 입장이 내세우는 '정의'를 생각해서는 안 된다.

선악이란 작은 관점을 초월하여서 보고, 따라서 이익Vorteil이라

* F. Nietzsche, 『힘에의 의지(*Der Wille zur Macht*)』, Kröner, 1959, 493번.

는 보다 넓은 지평을 갖고 사역을 둘러보는 권력의 기능으로서의 정의 — 이런저런 개인 이상의 어떤 것Etwas을 유지하려고 하는 의도.*

정의는 오직 이 '어떤 것'의 유지에 관계하고 있을 뿐인데, 이 '어떤 것이란' 힘에의 의지이다. 이 새로운 '정의'는 그 자체로 존립하고 있는 척도와 위계에 따라서 정당함과 부당함을 결정하는 것과는 전혀 무관하다. 새로운 정의는 능동적이며 '공격적'인 성격을 띠며, 그것은 무엇이 정당하고 무엇이 부당한지를 자신의 권력으로부터 정립한다.

하이데거는 여기서 다음과 같은 적나라한 예를 들고 있다. 영국군이 오란Oran항에 정박하고 있는 프랑스군의 함대들을 궤멸할 경우 이는 그들의 권력의 입장으로부터 볼 때 전적으로 '정의롭다gerecht.' 왜냐하면 '정의롭다'는 것은 권력의 고양에 유용한 것을 의미할 뿐이기 때문이다. 각각의 권력은 형이상학적으로 생각할 경우에 각자의 권리(정당성)를 갖는 것이

* 위의 책, 158번.

다. 그리고 오직 무력하게 되는 것을 통해서만 각각의 권력은 부당하게 된다. 실로 모든 권력은 적대세력의 모든 행동을 자기 자신에 고유한 권력의 관점 하에서 보지 않고 오히려 인류의 보편적 도덕의 척도 하에서 평가하기는 하지만, 이는 사실은 하나의 형이상학적인 전술에 지나지 않으며 선전가치만을 가질 뿐이다.

정의가 진리의 본질이라는 관점에서 볼 경우, 진리를 정의로서 파악하는 힘에의 의지의 주체성은 일종의 무조건적인 주체성이다. 그러나 이러한 무조건성은 헤겔의 형이상학에서와는 다른 의미를 갖는다. 헤겔의 형이상학은 비진리를 절대적인 진리 안에서 지양되는 단계와 일면성으로서 정립한다. 니체의 형이상학에서 진리는 힘에의 의지의 유지와 강화를 위한 수단에 불과하다. 그러한 성격을 갖는 것으로서 파악된 진리는 주체에게 참과 거짓을 무조건적으로 관장할 수 있는 권한을 부여한다. 주체성은 모든 한계로부터 벗어날 뿐 아니라, 모든 종류의 제한을 설정하고 철폐하는 것을 관장한다.

니체는 주체성의 본질을 힘에의 의지로서 파악하면서 이에 입각하여 데카르트의 cogito, 즉 사유도 해석한다.

사유는 우리가 보기에는 '인식'을 위한 수단이 아니라 사태를 지칭하고 질서 지우며 우리가 사용하기 쉽게 만드는 수단이다.*

표-상작용은 니체의 비판에서는 힘에의 의지라는 충동 appetitus의 영역인 육체로 다시 한 번 소급된다. 니체는 주체를 사유하는 자로 보는 데카르트의 주체개념을 비판하면서 이성적인 사유주체로서의 '자아'라는 개념은 '논리학'의 발명물이라고 말한다. 근저에 놓여 있는 것은 니체에게는 '자아'가 아니라 '육체'이다.

그러나 데카르트에 대한 니체의 거부는 사실은 거부가 아니고 데카르트의 입장을 철저화한 것이다. 그것은 인간을 모든 것의 주체로 정립하는 사유를 충동적인 생의 한 기능으로 해석함으로써 진리와 거짓에 대한 관장권을 인간의 힘에의 의지에 귀속시켰을 뿐이다. 표상작용 자체를 육체로 이렇게 환원하는 것은 데카르트가 표-상작용의 본질을 근거 지우지 않았다면 전혀 불가능했을 것이다. 육체의 우위는 생각할 수 있

* 위의 책, 123번.

는 가장 철저하고 가장 순수한 데카르트주의이다. 니체가 데카르트와 근대의 형이상학자들을 통렬하게 비판하고 있음에도 불구하고 니체는 철저하게 근대적인 사상가인 것이다.

니체의 형이상학은 '힘에의 의지의 무조건적인 주체성의 형이상학'이다. 하이데거가 단순히 '무조건적인 주체성의 형이상학'이라고 말하지 않는 이유는 이러한 규정은 '인식하는 의지의 무조건적인 주체성', 즉 정신의 형이상학인 헤겔의 형이상학에 대해서도 타당하기 때문이다. 그러나 헤겔에게서 주체성이 갖는 무조건성은 그 자체로 그리고 자각적으로 존재하는 이성의 본질로부터 규정된다. 이에 대해서 니체에게 주체성은 육체, 즉 충동과 열정, 다시 말해서 힘에의 의지의 주체성으로서 무조건적이다.

(2) 서양 형이상학의 완성으로서의 니체의 형이상학

인간을 본질적으로 절대적인 이성으로 보는 헤겔의 철학은 사실은 플라톤 이래의 고전적인 본질철학을 완성하는 것이다. 양자 간에 존재하는 본질적인 차이에도 불구하고 헤겔의 절대적 관념론에서 '존재를 망각하고 본질만을 보는 플라톤적인 본질철학적인 실재론'은 최후의 절정에 도달한다. 하이데거는 칸트의 관념론만 해도 고전적 본질철학 내부에 이미 잠재해 있던 것이라고 말하고 있다. 이는 하이데거가 보기에 플라톤 이래의 본질철학은 이미 무한한 주체의 형이상학이며 그것이 칸트에서는 유한한 주체의 형이상학으로 나타나고 있을 뿐이기 때문이다. 플라톤 이래의 형이상학이 주체의 형이상학이라는 것은 이미 플라톤의 이데아 내지 형상이라는 개념에서 나타나고 있다. 이데아는 이성적으로 보는 것noein에 의해서 보인 것이다. 감성과 비감성, 경험적으로 보는 것aisthesis과 아프리오리하게 보는 것noesis의 대립이 서양 형이상학이 시작하는 시점부터 문제를 지배하고 있다.

따라서 서양 형이상학에서 본질적인 것은 사실은 존재 자체에 본질적인 것이 아니라 정신적인 통찰, 즉 이성에게 본질적인 것이다. 본질개념은 이성개념, 즉 인간의 한 능력과 밀접한 관계를 맺게 된다. 이성은 본질이 드러나게 되는 장이며, 본질은 정신적으로 보인 것, 즉 이성적인 것으로 규정된다. 이와 함께 정신과 이성은 본질의 장소로서 존재와 동일한 것으로 여겨지는 것이다. 플라톤에서 존재자의 해석은 정신으로부터 그리고 정신 안에서 보인 본질로부터 시작하게 되며, 이를 통해서 서양의 전통 형이상학이 시작된다. 이러한 형이상학의 본래적인 특징과 그것의 기초는 감성과 이성의 이원론이다.

고전적 형이상학이 전제한 존재와 정신의 동일성은 헤겔의 절대적 관념론에서 철저하게 기초 지어지고 관철되었으며, 감각적인 실재의 다양성에 대한 통일로서의 정신적인 존재의 지배는 확실하게 된다. 독일 관념론에서는 정신이 인간 내의 초인간적이고 신적인 정신이 됨으로써, 즉 유한한 인간 안에 존재하면서 유한한 인간이 참여하는 절대정신으로 파악됨으로써 인간 중심적인 경향이 보다 심화된다.

그리고 이러한 인간 중심적인 성향은 니체에게서 극단적으로 추구된다. 니체는 인간 내의 무한한 정신이 아니라 인간의 힘에의 의지를 존재 자체로 본다. 모든 규범은 힘에의 의지로서의 인간 자신이 자신의 고양과 강화를 위해서 임의적으로 설정한 것이 된다. 주체성의 무조건적인 본질은 따라서 필연적으로 야만적인 야수성bestialitas der brutalitas으로서 전개된다. 니체는 homo est brutum bestiale(인간은 야만적인 야수이다)라고 말하고 있다. '금발을 한 야수'라는 니체의 용어는 우연한 과

장이 아니라 그가 서양 역사의 본질적인 전개과정을 통찰하지 못하면서 자신이 서 있던 역사적인 지점을 특징짓는 표어이다.

이와 함께 인간을 이성적 동물로 파악하는 다양한 본질적인 가능성 내에서 인간을 무조건적인 주체성으로 파악하는 최후의 가능성이 실현되었다. 형이상학의 역사 전체를 통해서 인간의 본질은 일관되게 이성적 동물animal rationale로서 확정되었다. 헤겔의 형이상학에서는 절대지를 지향하는 이성rationalitas이 주체성을 전적으로 규정하는 것이 되며, 니체의 형이상학에서는 힘에의 의지를 본질로 갖는 동물성animalitas이 주체성을 전적으로 규정하는 것이 된다. 그런데 rationalitas와 animalitas 외에 형이상학적으로 어떠한 제3자도 존재하지 않는다. 이는 힘에의 의지의 무조건적인 주체성의 형이상학에서 형이상학이 완성된다는 것, 즉 종말에 도달한다는 사실을 의미한다. 이 경우 형이상학의 종말은 형이상학적인 사유양식의 중단과 소멸을 의미하는 것이 아니라 형이상학의 본질 가능성들이 고갈되었다는 것을 의미한다.

니체의 형이상학이 이렇게 서양 형이상학의 역사와 특히 데카르트 이후의 근대의 역사에 의해서 규정되고 있다면 니체의 가치사상이라는 것도 결국은 결코 근원적인 것이 아니라 서양 형이상학의 역사에서 파생되어 나온 것이라는 것을 알 수 있다. 니체는 서양 형이상학의 전복을 내세우지만 사실은 서양 형이상학의 역사에 의해서 철저하게 지배되고 있는 것이다. 따라서 니체는 서양 형이상학의 귀결인 현대기술문명과 그것의 니힐리즘을 정당화하고 강화할 뿐 결코 그것을 극복하는 길을 열어 주는 것은 아니다.

(3) 현대기술문명과 니체의 가치사상

서양 형이상학의 역사가 진행될수록 존재의 진리는 망각되고 존재의 빛은 갈수록 약해지고 인간의 이성과 의지가 모든 존재와 진리의 원천으로 간주되게 된다. 존재의 진리는 고대에서는 본질들의 전체적인 질서로 나타나고, 근대에 이르러서는 초월론적인 세계이해의 틀을 자신 안에 갖는 의식 일반으로서 나타나며, 서양 형이상학의 마지막 단계인 기술문명에서는 존재자들을 파악하기 위한 조작적인 범주들을 임의로 구상하는 지배의지로서 나타난다.

이런 의미에서 하이데거는 헤겔의 형이상학, 즉 절대지의 형이상학은 존재를 망각한 서양 형이상학의 완성 자체는 아니고 완성의 시작이라고 말하고 있다. 이러한 완성은 기술문명에서 이루어지고 이러한 기술문명에서 존재망각은 극에 달하고 존재는 맹목적인 지배의지로서 나타난다.

현대기술문명과 그것을 정초하는 니체의 철학에서 인간의 본질은 지배에의 의지와 충동으로 간주되는바, 현대기술문명에서 존재자에 대한 우리들의 관계는 존재자들의 지배를 노골적으로 목표하는 기술적인 성격을 갖는다. 존재자에 대한 인식도 존재자가 제작되는 방식 또는 제작가능성의 방식에 대한 인식이 된다. 이에 따라 존재의 빛 안에서 존재자가 자신을 드러내는 것을 의미하는 진리 대신에 기술적인 처리 가능성이 진리로서 등장하고, 직접적으로 실용적이지 않은 모든 지식, 즉 제작을 위해서 이용될 수 없는 지식은 불명료하고 참되지 않은 것으로서 폐기된다.

다시 말해서 기술문명에서 존재자가 어떻게 나타나야 하는지를 규정하는 것은 존재 전체가 아니고 그것들을 지배하려고 하는 우리의 지배의지이다. 이러한 맹목적인 지배의지에게 세계는 '기술적으로 이용 가능한 에너지들의 연관체계'로서 나타난다. 이러한 세계에서 인간 개개인을 비롯한 모든 존재자는 기술적으로 이용 가능한 에너지원으로 나타난다. 모든 존재자의 위상은 한갓 기술적인 소모품으로 전락하게 되는 것이다. 따라서 하이데거는 현대기술문명과 그것을 정초하는 니체의 가치사상은 인간을 강화하고 초인으로 고양하는 것을 목표하지만 사실은 지배의지의 노예로 전락시킬 뿐이라고 생각한다.

5

기술문명의 극복

1
존재의 역운과 '작품의 철학'으로서의 하이데거의 철학

현대기술문명에서 지구와 인간이 황폐화되고 있는 사태의 근원이 플라톤 이래의 존재망각에 있다면 지구와 인간의 황폐화를 극복하는 길은 존재망각에서 깨어나서 존재를 회상하는 데에 있다. 현대기술문명이 부딪힌 난관을 극복하는 근본적인 길은 신칸트학파처럼 니체에 맞서서 가치의 객관적 존재를 주장하는 것에 의해서도 아니고 하버마스Habermas나 아펠Apell 식의 의사소통윤리학처럼 인간의 언어구조에 이미 마련되어 있는 보편타당한 의사소통규범을 내세우는 것을 통해서도 아니다. 그것은 이러한 가치나 규범이 현대인이 망각한 존재의 빛바랜 대용물이라는 것을 철저하게 깨달음으로써 존재가 자신을 현현하게 하는 데 있다.

서양 형이상학의 역사의 종점에서 나타나게 되는 기술적 사고의 전일적인 지배는 존재망각의 불가피한 운명이다. 따라서 이러한 기술적 사고의 지배는 어떠한 도덕적 훈계나 윤리적인 태도를 통해서 제어될 수 없고 오직 존재에 대한 새로운 근본경험을 통해서만 제어될 수 있다. 이러한 새로운 근본경험은 존재를 더 이상 고전적 형이상학처럼 자명한 존재이해 속에서 이미 주어져 있는 것으로 보는 것도 아니고 근대형이상학에서처럼 존재를 인간의 의식이나 의지와 동일시하는 것도 아니다. 그것은 존재 자체가 각 시대를 규정하는 근본기분을 통해서 자신을 은폐하면서 드러내는 것으로서 경험하는 것이다.

하이데거는 형이상학의 역사를 규정하는 존재망각은 인간 자신의 오류에 의해서 일어나는 것이 아니라 존재가 자신을 드러냄으로써 은폐하는 것이라는 데서 비롯된다고 말하고 있다. 존재는 자신을 드러내는 것을 통해서 존재자 전체의 진리를 드러내면서도 그러한 존재자 전체의 배후로 자신을 은닉하는 것이다. 따라서 존재망각의 역사란 인간이 임의로 조성하는 과정이 아니라 인간이 이미 편입되어 있는 존재의 역사 자체의 논리에 의하여 진행되어 가는 역사이다. 서양의 역사는 존재가 망각되고 존재의 흔적만이 갈수록 흐릿하고 왜곡된 형태로 나타나면서 존재자 전체를 보는 인간의 시각이 왜곡되어 가는 과정이다. 이런 의미에서 서양의 역사란 바로 인간이 주체가 되어 만들어 가는 과정이 아니라 존재가 자신을 드러내는 방식에 의해서 결정되는 역사이다. 서양의 역사는 인간의 역사가 아니라 존재의 역사이다.

후기의 하이데거는 기술문명과의 대결을 본격적으로 전개하면서 철학적인 사유가 갖는 시간적이고 역사적인 성격을 보다 첨예하게 자각하게 된다. 초기의 하이데거는 현존재의 시간성과 역사성을 강조하면서도 현존재의 구조에 대한 자신의 구체적인 분석이 모든 시대의 인간에 타당한 것으로 보는 반면에, 후기의 하이데거는 자신의 사유가 서양 형이상학의 모든 가능성이 소진되고 전적으로 새로운 시원Anfang이 요청되는 역사적인 시점에서 비로소 가능하게 된 것으로 파악한다. 이와 함께 후기의 하이데거에서 존재의 진리는 시간적이고 역사적인 존재인 현존재에게 자신을 개시하면서 그때마다의 역사적인 시대를 개시하고 현존재가 거주할 시간과 공간 그리고 세계를 증여하는 것으로서 나타난다.

하이데거에게 존재는 자신을 그때마다 다르게 보내는 역사적인 운명Geschick으로 존재한다. 존재 자체는 자신을 시숙時熟시키는sich-zeitigen 것이며 이와 아울러 현실적인 모든 것이 그 안에서 일어나는 모든 시간을 시숙시키는 것이다. 그것은 근원적인 시간 자체이다. 이러한 입장에서는 시간은 존재에서 비롯되고 시간과 시간 안에 존재하는 모든 것이 존재로부터 이해되고 의미를 갖게 된다. 존재는 그때마다의 역사적 시간으로 자신을 개현하며 이러한 개현은 존재자 안에서 역사적으로 생기하기 때문에 다시 존재를 은닉한다. 그때마다의 역사적인 세계를 시숙시키는 존재는 이러한 세계인 동시에 그것 이상의 것이며, 그 자신이 시숙시킨 시간 이상의 것이다. 존재는 세계 안에 근거가 아니라 무근거로서 나타나면서 자신을 완전하게 내보이지는 않는다. 그것은 그때마다의 역사적인 세계를 개현시키는 자유이며 이 경우 세계는 우리가 실현해야 할 역사적인 과제로서 우리에게 개현된다.

하이데거에게 존재라는 이름은 역사적 세계들의 연속성이 갖는 통일을 가리키는 것이며 이러한 통일 안에서 존재의 비밀은 각 세계와 세계들의 의미와 통일의 원리로서 나타난다. 존재의 비밀은 세계의 변화 안에서 상주하는 것이며, 따라서 그것은 세계의 모든 변화에도 불구하고 새로운 세계를 위해서 다시 자신을 은닉하는 것이다. 바로 그 때문에 그것은 비밀로 남는다. 그러나 이러한 존재는 신비적인 자기 침잠에서 발견되는 것이 아니다. 그것이 하나의 역사적인 세계를 성립시키는 근거인 한, 그것은 역사적인 경험 안에서 발견되고 경험되는 것이다.

그런데 이렇게 초역사적이고 보편적인 가치를 부정하면서 그때마다의 존재의 역운이 역사를 지배한다는 하이데거의 사상은 하이데거가 역사적 숙명주의에 빠져 있다는 비판뿐 아니라 각각의 역사적 시대를 존재의 역운으로 보면서 각 시대를 정당화하는 역사적 상대주의를 주창하고 있다는 비판을 불러일으켰다. 이러한 역사적 상대주의는 각 시대마다 삶과 행위의 척도가 변하기 때문에 결국은 인간이 따라야 할 절대적이고 무조건적인 척도나 규범은 없다는 니힐리즘과 통한다.

그러나 하이데거는 역사적 상대주의를 주창하려는 것이 아니라 오히려 이것을 극복하려고 한다. 다만 그는 역사적 상대주의가 이른바 초역사적이고 보편적인 가치를 내세우는 철학에 대해서 갖는 강점을 수용하면서 그것을 극복하려고 한다. 그는 역사적 상대주의가 인간의 역사성을 인정하고 있다는 점에서 초역사적이고 보편적인 가치를 내세우는 철학보다는 더 인간의 현실에 가깝다고 보는 것이다. 다만 역사적 상대주의는 초역사적인 가치를 설정하는 것을 통해서 니힐리즘의 위험에서 벗어나려는 시도와 마찬가지로 절대적이고 무조건적인 규범은 초역사적으로 불변적인 성격을 갖는다고 전제하고 있다는 점에서 한계를 갖는다.

막스 쉘러는 실재론적인 본질철학과 관념론적인 철학을 뒤흔들게 된 우리의 시대의식을 역사의식과 인간의 유한성에 대한 의식에서 찾고 있다. 실재론적 본질철학의 문제성은 모든 질서의 역사적 제약성에 대한 역사학적인 실증에 의해서 의문시되었다. 진정한 역사적 생성은 항상 동일한 규범들과 질서를 가능성으로부터 현실화시키는 데만 존재하지는 않는다. 그것은 역사의 획일화로 이끌 것이다. 역사의식에게는 '존재는 부동의 절대적 질서이며 존재자는 이러한 부동의 절대적 질서 안에서 생성하는 것이고 그러한 질서에 의해서 평가되지 않으면 안 된다는 생각'은 지극히 소박한 것이다. 그리고 관념론이 신봉하는 인간의 무한한 정신에 대한 신앙은 두 번의 세계대전을 통해서 치명적인 타격을 입게 되었고 우리들의 시대는 유한성을 새롭게 체험하고 그것을 새롭게 파악하지 않을 수 없게 만들었다.

그러나 막스 셸러는 우리가 역사적 질서의 다양성을 인정한다고 하여 역사적 상대주의에 빠질 필요는 없으며 무조건적이고 절대적인 존재라는 이념을 포기할 필요도 없다고 말하고 있다. 존재 자체 안에 절대성과 상대성, 타당성과 생성, 항상성과 순간, 영원과 시간성 사이의 종합이 있을 수 있다는 것이다. 역사적인 사실성조차 절대적인 규범들에 의해서 지배될 수 있다. 예를 들어서 규범들이 한 시대 또는 한 문화권에 대해서만 타당성을 갖는다고 하더라도 그 규범은 절대적인 타당성을 가질 수 있는 것이다. 즉, 일회적이면서도 인간에 의해서 임의로 설정되지 않는 역사적 과제가 있을 수 있다. 생성은 어떤 질서 안에서 일어날 뿐 아니라 질서 자체의 생성이 있을 수 있다. 이러한 존재론적인 질서들은 존재자 차원에서 진행되는 생성의 산물이 아니다. 오히려 존재는 존재자에 대해서, 그리고 규범은 사실에 대해서 여전히 우위를 갖는다. 그러나 존재론적인 것, 즉 존재는 더 이상 고정된 것이 아니라 역사를 갖게 되는 것이다.

하이데거는 존재의 개현이 일어나는 근본적인 방식들 중 하나로 예술을 들면서 각 시대의 예술을 통해서 존재의 그때마다의 역사적인 개현이 일어나고 있다고 본다. 서양의 역사에서는 그리스 예술을 통해서 존재라고 일컬어질 것이 결정적으로 작품 속에 정립되었다. 그런 식으로 열어 보인 존재자 전체는 중세에서는 신에 의해 창조된 것이라는 의미의 존재자로 변화되었다. 이러한 존재자는 근대에서는 계산적으로 지배가능하고 꿰뚫어 볼 수 있는 대상이 되었다. 각 시대가 바뀔 때마다 하나의 새롭고 본질적인 세계가 출현했다. 그리고 그 때마다 존재의 진리가 다른 형태의 예술작품들에 깃들었다. 새로운 예술이 등장하면서 역사 속으로 하나의 충격이 가해지고 새로운 역사가 시작된다. 이 경우 역사란 시간 내재적인 사건들의 순서가 아니다. 역사란 한 민족이 자신이 처해져 있는 조건을 하나의 역사적인 세계로 변용시키는 사건이다.

이와 함께 예술의 본질은 통시대적으로 동일한 것이 아니라 예술이 건립하는 그때마다의 존재의미와 함께 변화한다. 그리스의 사원은 예술작품이 아니라 제의祭儀를 위한 작품이다. 예술의 본질은 무시간적인 아프리오리한 개념이 아니고 그때마다 새롭게 창조되는 개개의 작품들 안에 존재가 역사적으로 어떻게 임재하느냐에 따라서 달라진다. 이는 국가의 본질과 같은 것에 대해서도 타당하다. 하이데거는 국가의 건립 역시 존재의 진리가 개현되는 근본방식들 중 하나라고 보는바, 국가의 본질도 그것이 구현하는 존재의 진리에 따라서 각기 다르게 된다. 국가의 본질은 헤겔에서는 절대자의 현존으로 나타나며 마르크스에서는 전혀 다르게 경험되고 있다. 양자는 시간적으로는 극히 가깝지만 존재 의미의 역사에서는 각각 다른 시대에 속하고 있다.

후기 하이데거의 사유는 규범적 의미를 갖는 그때마다의 역사적 세계에 대한 해석학이 된다. 이와 함께 그는 모든 종류의 추상적인 당위 철학과 가치 철학을 거부하면서 그때마다의 역사적인 존재 의미에 대한 사유로 나아간다. 이런 의미에서 막스 뮐러는 하이데거의 사유를 Meta-Physik이 아니라 Meta-Historik이라고 부르고 있다. 그것은 세계를 우주론적으로가 아니라 역사학적으로 해석한다. 즉, 그것은 세계를 근원적인 힘과 원리로부터 설명하는 것이 아니라 역사적인 의미구성의 문제로서 해석하는 것이다. 각각의 역사적인 세계는 존재자들 간의 작용연관이 아니라 의미들의 총체이다. 그것은 단순히 힘의 총합으로서가 아니라 존재의 역사적인 현현으로서 존재하는 것이다.

따라서 하이데거에서는 관념론에서와 마찬가지로 존재와 본질 그리고 존재자는 의미와 진리로서 나타난다. 이렇게 존재와 본질 그리고 존재자에 대한 인간의 연관을 드러낸 점에 칸트의 공적이 있으나 칸트에게 의미는 초월론적 주관에 의해서 부여되는 것으로서 어디까지나 주관적인 의미이다. 이에 대해서 하이데거에게는 주관이 주관에 대해서 대상이 성립하기 위해서는 무엇이 필요한가를 제정하는 것은 아니다. 오히려 객관과 마찬가지로 주관도 존재의 의미 내지 진리에 의해서 포괄되어 있다. 주관도 객관도 서로에 대해서 앞선 것은 아니다. 양자는 자신이 무엇인지를 오히려 존재의 진리로부터 규정받는 것이다.

메타-히스토릭은 초월론적 철학적이면서도 해석학적이고 역사학적인 세계해석이다. 초월론적 철학으로서 그것은 인간이 거주하는 역사적 세계의 가능성의 조건들을 해명한다. 그러나 칸트적인 초월론적 철학에서와는 달리 이러한 역사적 세계는 더 이상 의식의 대상세계가 아니며 윤리적인 자유의 세계도 아니다. 칸트의 초월론적 철학이 자유라는 원리으로 소급해 들어가는 반면에, 메타-히스토릭에서는 자유라는 원리가 문제되는 것이 아니라 자유라는 현실이 문제가 된다. 이 경우 자유는 현실적인 역사적인 세계와의 실제적인 일치이다. 아울러 이러한 전체와 세계는 단지 이념으로서 소급적으로만 사유되는 것은 아니라 막스 뮐러가 '초월론적-경험적 transzendental-empirisch'이라고 부르는 새로운 경험에 의해서 경험된다. 그때마다의 전체는 우리가 그것과 일치하는 데서 비롯되는 행복이나 그것과 일치하지 못하는 데서 비롯되는 불행 혹은 역사적인 요구나 말 걺이란 방식으로 우리에게 경험되는 것이다.

따라서 인간의 본질은 존재와 그것의 개현을 위해 완전히 비어 있다. 그것은 순수한 무내용성, 무본질성이며, 자기 자신 안에 폐쇄되어 있지 않고 철저하게 열려 있는 것이다. 서양의 전통에서 자체적으로 존립하는 것을 실체라고 부를 경우, 인간의 본질은 실체라는 범주를 통해서는 파악될 수 없다. 실체가 모든 생성과 변화에서 벗어나 특정한 속성들을 수용하거나 떨쳐 버리면서 그것 자체로서 존속할 수 있는 것은 본질을 통해서이다. 실체가 존속할 수 있는 것은 고정된 본질에 기초하고 있다. 그러나 인간의 본질은 인간이 그것을 통해서 자체적으로 존속할 수 있는 본질을 전혀 갖지 않는다는 데 있다. 인간의 본질은 현존재라는 것이다. 즉, 인간은 존재가 개현되는 장소이며, 존재에게 역사적으로 필연적으로 요구되는 장소를 마련해 주기 위해서 존재에게 청종한다.

인간이 다른 모든 존재자로부터 구별되는 점은 자신이 존재로부터 절대적으로 요구되며 자기를 절대적으로 요구되는 것으로서 알고 있다는 점이다. 우리는 자신의 세계와 그것의 역사적인 의미를 멋대로 선택하는 것이 아니다. 오히려 존재의 역사적인 의미가 우리를 요구하고, 요청하며, 소환하는 것이다. 인간의 말은 존재에서 발하는 그때마다의 역사적인 요구에 대한 응답이다. 이러한 역사적 요구는 그때마다의 역사적 민족이나 구체적인 개인에게 향해진다.

현존재는 존재 자체의 역사적인 자기고지에 귀를 기울이면서 그것을 자신의 말과 행위를 통해서 구체화한다. 존재 자체는 자신을 고지하지만 이에 상응하는 현존재의 실존수행이 없으면 자신을 그때마다의 역사적인 세계라는 구체적인 형태로 개현할 수 없다. 이러한 존재의 호의와 은총을 존재자 안에 깃들게 함으로써, 다시 말해서 하나의 구체적인 역사적인 세계를 건립함으로써 인간은 진정한 행복을 얻게 된다.

이러한 진정한 행복은 내세계적인 목표의 성취가 아니라 자신이 처하고 있는 역사적 세계 전체와의 합일에서 비롯된다. 이에 대해서 개개의 성공적인 행동들은 쾌감을 낳을 뿐이고 실패는 불쾌감을 낳는다. 물론 행복 역시 일시적인 것일 수 있지만 이러한 행복을 경험한 자는 인간과 세계에 대해서 전혀 다르게 생각하게 된다.

인간의 과제는 이렇게 그때마다 다르게 자신을 개현하는 존재에 자신을 열고 그것의 소리에 청종하는 것이다. 이렇게 역사적으로 자신을 개현하는 존재는 이제 구성되거나 추론되는 것이 아니라 역사 안에서 진실 되게 경험된다. 이를 통해서 하이데거는 자명한 존재의 빛 안에서 모든 존재자의 통일을 추론하거나 개념적으로 파악하는 형이상학을 극복한다. 그 자체는 밝혀지지 않은 채로 남아 있는 존재의 빛에 의거하면서 모든 존재자 간의 전체적인 질서를 추론하는 사변 대신에 순수한 존재론적인 경험, 즉 근본기분을 통해서 우리를 엄습해 오는 존재의 소리에 자신을 수동적으로 여는 경험이 들어선다.

존재의 진리는 자신에 대해서 낯선 실현매체인 시간 안에 자신을 구현하는 것이 아니라 자신을 시숙시키면서 우리의 인간적인 자유와 존재의 진리의 공동작용이 일어나는 영역인 시간을 구성한다. 모든 역사적 시간은 인간적인 유한성과 존재의 절대성의 매개이다. 하이데거에게 존재의 진리는 시간적인 인간의 이해 안에서만 자신을 드러내기에 초역사적이고 보편적인 것이 아니라 시간적인 것이다. 따라서 보편적인 정신의 체계란 있을 수 없으며, 존재의 진리가 그때마다 새롭게 자신을 개시하는 존재의 역사가 있을 뿐이다. 흔히 보편적인 정신의 체계라고 하는 것도 엄밀히 고찰할 경우 모두 역사적인 성격을 띠고 있다.

인간의 과제란 보편적인 가치를 구체적인 존재자들에 적용하는 것이 아니라 그때마다 자신을 새롭게 개시하는 존재의 진리를 존재자 안에 깃들게 하는 것이며 존재의 진리가 구체적인 형태를 얻게 하는 작품을 창작하는 것이다. 하이데거는 존재를 존재자 안에 깃들게 하는 인간의 대표적인 행위들을 철학과 예술, 종교와 정치 그리고 희생이라고 보고 있다. 이것들은 모두 존재의 진리가 그 안에서 역사적인 구체적인 형태를 얻게 되는 작품Werk을 창작하는 행위이다.

이러한 행위 안에서 인간의 자기이해와 세계이해가 일어난다. 이러한 작품들의 건립이 성공했을 때에만 인간은 행복할 수 있고 이러한 행복 안에서만 인간은 자신을 발견할 수 있다. 이러한 행복은 인간이 작품의 건립을 통해서 자신이 처한 세계를 자신이 안주할 수 있는 고향의 세계로서 변용시키고 그것과 하나가 되는 데서 비롯되는 행복이다. 그리고 이렇게 존재의 진리를 존재자 전체에 깃들게 하는 작품을 통해서 건립되는 것이 바로 본래적인 의미에서의 역사적 세계이다. 인간은 보편적이고 추상적인 가치를 위해서 죽을 수는 없지만, 그때마다의 역사적 세계의 건립과 존속 혹은 변혁을 위해서 죽을 수 있다.

보편적이고 추상적인 가치가 아니라 그때마다의 역사적 세계가 우리가 어떻게 살아야 할지를 규정한다. 추상적인 규범과의 일치가 아니라 그때마다의 내가 직접 상대하는 상대방이나 나의 사회적·정치적·문화적·종교적 세계와의 일치가 중요하다. 어떠한 규범도 그때마다의 역사적 세계를 떠나서 정초될 수 없다. 이른바 인간 일반, 세계 일반, 의식 일반, 정신 혹은 언어 일반의 추상적이고 무시간적인 원리 혹은 본질 원리로 소급해 가는 소위 '초월론적인 정초'는 우리가 역사적인 변화를 본질과 세계의 변화로서 경험하게 된 이래로 더 이상 우리를 사로잡는 힘을 갖지 못한다.

하이데거는 니체가 말하는 '신의 죽음'에서 비롯된 가치와 의미공백을 초역사적인 가치를 설정하는 것을 통해서 극복하려고 하지 않는다. 그는 이러한 시도는 근대가 처한 니힐리즘의 심연을 보지 않으려는 안이한 시도라고 본다. 그렇다고 해서 그는 니체처럼 인간을 자유롭게 가치를 정립하고 폐기하는 초인으로 강화시키는 것을 통해서 근대의 니힐리즘을 극복하려고도 하지 않는다. 하이데거는 인간은 어디까지나 유한한 존재인 한 인간은 자신이 정립한 상대적인 가치나 의미가 아니라 존재로부터 증여되는 절대적인 가치와 의미를 통해서만 이 지상에 확고하게 존립할 수 있다고 본다.

하이데거는 인간은 근본적으로 존재의 요구와 말 걺에 나가 있는 존재라고 보면서 이 시대에 존재가 우리에게 어떻게 말을 걸고 있는지에 귀를 기울이려고 한다. 이러한 무조건적이고 절대적인 존재가 우리에게 전하는 말만이 우리의 삶에 확고한 지주가 될 수 있다는 것이다. 하이데거는 자신의 철학이 오늘날 고지해 오는 존재의 소리에 구체적인 형태를 부여하는 작품이 되기를 바랐으며 우리의 모든 말과 행위가 그러한 작품을 건립하는 행위이기를 바랐다. 그는 니체의 가치사상에 대해서 존재의 진리가 존재자 한가운데 깃들도록 하는 작품의 철학을 내세우는 것이다.

2
기술문명의 극복 – 수동적 사유의 철학

그러면 우리 시대에 존재는 어떻게 자신을 고지하는가? 우리는 앞에서 존재가 근본기분을 통해서 자신을 고지한다는 사실을 보았다. 고대 그리스의 자연철학자들과 그리스형이상학에서 존재 전체는 경이라는 근본기분을 통해서 드러나고 있다. 이에 대해서 근대형이상학에서는 의심이라는 기분을 통해서 드러나고 있다. 하이데거는 현대에서 존재 전체는 불안이란 기분에서 드러나고 있다고 말하고 있다. 그러나 불안이란 기분은 존재 전체가 존재자에게서 빠져나갔으며 그 결과 전체적인 질서와 의미가 사라지고 바닥없는 심연만이 입을 벌리고 있는 듯한 기분이다. 불안이란 기분에서 존재는 '우리가 존재자를 지배하려고 할 경우에는 존재자에게서 빠져나가 버리고 자신을 은폐하는 것'으로서 자신을 드러낸다. 그리고 이와 함께 불안이라는 기분에서는 현대인이 찬탄하는 그 어떠한 정교한 과학기술적인 대상들도 사실상은 존재와 의미가 빠져나가 있는 공허하고 무의미한 것이라는 사실이 드러난다.

불안이란 기분에서 존재는 우리의 지배를 거부하는 낯설고 섬뜩한 것으로서 자신을 드러내지만, 이는 존재자에 관한 인간의 지배의지에 대해서 존재 자체가 드러내는 방식이다. 이에 대해서 우리가 존재자에 대한 지배의지를 버리고 불안이란 기분에서 자신을 드러내는 존재에 우리 자신을 열 때, 존재는 존재자에 다시 깃들게 된다. 이와 함께 존재자에게서 존재가 빠져나갔다는 사실에 대한 불안은 자신을 비롯한 모든 존재자에 깃들게 되는 존재의 충일함에 대한 경이와 기쁨으로 전환하게 된다.

초기의 하이데거는 불안이라는 기분을 모든 시대에 나타나는 기본으로 보지만 후기의 하이데거는 그것을 현대기술문명의 공허한 정체를 드러내면서 우리로 하여금 새로운 이행을 준비하게 하는 기분으로 보고 있다. 하이데거의 철학은 존재망각이 정점에 달한 현대기술문명의 근저에서 이렇게 불안이라는 근본기분을 통해서 고지해 오는 존재 자체의 소리에 귀를 기울이는 사유이며 또한 우리들에게 귀를 기울이도록 촉구하는 사유이다. 하이데거는 우리가 존재자의 지배자가 아니라 존재의 파수꾼이 되는 것을 통해서만 현대기술문명의 위기는 극복될 수 있다고 보는 것이다.

3
후기 하이데거의 철학과 인간의 변혁

현대의 윤리학은 윤리학의 과제를 올바른 행위와 그렇지 않은 행위를 구별할 수 있는 원리를 제시하고 그러한 원리로부터 구체적인 도덕적 판단에 도달하기 위한 추론과정을 제시하는 것에서 찾는다. 그러나 하이데거는 현대의 상황에서 그러한 작업은 사람들을 변화시키고 역사를 형성하는 힘을 가질 수 없다고 생각한다.

하이데거가 보는 현대의 상황이란 맹목적인 지배욕과 탐욕이 사람들의 모든 행위를 규정하고 있는 상황이다. 이러한 현실에서 도덕적인 원리의 제시나 도덕적인 가치의 이론적 정당화라는 것은 현대의 허무주의적인 상황을 극복하기에는 무력하기 그지없다. 아니 더 나아가 하이데거는 도덕적 가치나 도덕규범이 사실은 지배욕을 정당화하는 도구가 된 현실에서는 그러한 것들의 제시와 정당화 역시 지배욕을 강화하기 위한 수단에 불과하다고 생각한다.

하이데거는 현대인을 규정하는 지배욕이 근원적으로 존재망각에 의한 존재 상실에서 비롯된다고 본다. 인간은 존재 상실에서 비롯되는 공허감과 불안을 다른 인간을 비롯한 존재자들에 대한 지배를 통해서 극복하려고 하면서 그러한 지배욕을 도덕적인 용어로 정당화한다. 다른 민족이나 인간에 대한 지배뿐 아니라 현대인의 높은 소비욕도 물질을 소비함으로써 자신들의 본질적인 결핍을 보상하려는 몸부림이다. 혹은 사람들은 피안의 신, 민족, 계급, 경화된 도덕률에 대한 우상숭배를 통해서 자신의 삶에서 느끼는 공허감과 불안을 극복하려고 한다. 이러한 우상숭배 역시 지배욕이 자신을 실현하는 하나의 방식이다. 그것은 자신뿐 아니라 모든 존재자를 그러한 우상에 복속시키고 그러한 우상의 눈으로 감시하고 통제하려고 하는 시도이다. 그러나 사람들은 자신들이 우상숭배를 행하고 있다고 생각하지 않고 자신들이야말로 모든 선의 원천을 섬기고 있고 도덕률을 충실하게 따르고 있다고 생각한다.

하이데거는 이러한 존재 상실은 그리스시대 이래 존재를 망각해 온 역사적 전통에 의해서 규정되고 있다고 생각한다. 인간의 삶은 우선 대부분의 경우 역사적 전통과 그러한 전통에서 비롯된 특정한 생활세계와 기분에 의해서 규정된다. 우리가 사물을 보는 시각과 우리의 행동방식은 우리가 의식하지 못하는 전반성적인 차원에 의해서 규정되고 있다. 근대인은 초역사적인 보편적인 가치를 내세우면서 자신들을 역사의 힘에서 벗어난 자율적인 주체인 것처럼 생각하지만 사실은 자신이 의식하지 못하는 역사적 전통의 힘에 의해서 규정되고 있는 것이다.

후기 하이데거의 철학은 서양 형이상학의 역사에서 어떻게 존재가 망각되어 왔는지를 반성하는 것을 통해서 현대인의 지배욕과 우상숭배 그리고 자기기만을 극복하려고 한다. 하이데거는 이러한 지배욕과 자기기만이 궁극적으로 존재 상실이라는 본질적인 결핍에서 비롯된다고 보면서 존재에 대한 회상을 촉구한다. 따라서 하이데거는 사람들을 도덕적으로 훈계하려고 하지도 않고 논리적으로 설득하려고 하지도 않는다. 그는 인간을 존재의 진리에 직면케 하는 것을 통해서 인간과 사물의 소박하면서도 충만한 존재를 경험하게 하려고 할 뿐이다.

6

행위와 거주에 대한 성찰

1
행위의 본질에 대한 성찰

기술문명을 극복하기 위해서 우리는 그동안 망각한 단순 소박한 사물들의 충일한 존재를 다시 경험해야 하지만 이는 우리가 단순히 사물에 대한 관상적인 태도로 머물러 있어야 한다는 것을 의미하지 않는다. 그것은 우리의 삶을 구성하는 매 순간의 행위가 사물들의 존재를 발현케 하는 것이어야 한다는 것을 의미한다.

하이데거는 「휴머니즘에 대한 편지」에서 행위의 본질에 대해서 이렇게 말하고 있다.

> 우리는 아직도 행위의 본질을 충분히 결정적으로 사유하고 있지 않다. 사람들은 행위란 단지 어떤 결과를 야기하는 작용이라고 생각한다. 그러한 결과가 얼마나 현실성을 갖는지는 그것의 유용성에 따라서만 평가된다. 그러나 행위의 본질은 '완성하는 것Vollbringen'이다. '완성하는 것'은 어떤 것으로 하여금 자신의

본질을 충만하게 전개하도록 하는 것이며, 그러한 충만한 본질로 인도하는 것이고 현출顯出하게 하는 것producere이다. 따라서 존재하는 것만이 본래 완성될 수 있다. 그러나 무엇보다도 우선 '존재하는' 것은 존재이다.*

하이데거는 행위의 본질은 '완성하는 것Vollbringen' 혹은 '현출하게 하는 것Hervorbringen'이라고 말하고 있다. 현출하게 한다는 것은 존재자들의 고유한 존재를 드러낸다는 것이다. 그리고 이는 존재의 진리 편에서 보면 인간의 행위를 통해서 존재의 진리가 존재자에 현현하는 것을 의미한다. 존재 전체는 동물에게 닫혀져 있고 동물이 살고 있는 세계는 본능이 한정한 환경세계일 뿐이다. 이에 대해서 인간에게는 존재 전체가 자신을 고지하며 이러한 존재는 존재자들로부터 분리되어서 존재하는 것이 아니기 때문에 인간은 인식행위를 비롯한 모든 행위에서 존재의 진리가 존재자에 현현하게 하는 것을 과제로 갖는다.

* 하이데거 전집 9권: *Wegmarken*, Frankfurt am Main, Vittorio Klostermann, 1976, 313쪽.

이러한 의미의 행위는 능동적이지도 수동적이지도 않으며 능동적인 것과 동시에 수동적인 것이다. 그것은 그전에 없었던 것을 자율적으로 만들어내는 것이 아니라 존재의 말 걺에 귀를 기울이면서 그것을 현출하게 하는 것이다. 아울러 이러한 의미의 행위는 실천적인 행위뿐 아니라 이론적인 행위까지 다 포함한다. 하이데거는 특히 존재의 진리에 귀를 기울이면서 그것의 말 걺에 응답하는 사유야말로 최고의 행위라고 말하고 있다. 이러한 사유를 통해서 모든 종류의 구체적인 이론적인 인식과 실천적 행위가 수행될 수 있는 하나의 역사적 세계가 열린다는 점에서 그것은 최고의 인식이자 최고의 행위이다.* 그러한 사유는 단순히 인간이성의 주체적인 활동이 아니라 존재의 말 걺에 귀를 기울이면서 그것을 현출하게 하는 것으로서 능동적인 것이면서도 수동적인 것이다.

물론 모든 행위가 본질적인 의미의 행위는 아니다. 하이데거는 행위를 본질적인 의미의 행위인 '현출하게 하는 것 Hervorbringen'과 비본질적인 의미의 행위인 '작용을 가하는 것

* 위의 책, 361쪽.

Wirken'으로 구별하고 있다. '작용을 가하는 것'은 인간이 자신의 주관적인 목적에 맞게 존재자를 변형시킨다. 작용으로서의 행위는 존재자를 인간의 수단과 도구로 변형시키는 행위이다. 이러한 행위는 돌이나 나무 그리고 쇠에게 그것의 본질 자체에 속하지 않는 주관적인 형식을 부여한다. 그것들은 도구로 변형되어 인간의 삶에 동화된다. 그것들이 도구로 변형되어 도구로서 제대로 기능할수록 그것들은 눈에 띄지 않으며 우리의 삶 속에 흡수되어 버린다. 그것들은 인간의 주관적인 욕구를 반영할 뿐이며 인간의 삶에 본질적인 변화도 일으키지 않는다.

이에 대해서 본질적인 행위의 대표적인 것인 예술작품의 창작행위에서 사용된 물질들은 우리의 주관적인 목적을 반영하는 수단으로 변형되어 우리의 삶 안에 흡수되고 망각되지 않는다. 그것들은 오히려 자신의 고유한 존재를 드러냄으로써 주관적인 이해의 추구에 몰두하는 우리의 일상적인 삶에 충격을 가한다. '현출하게 하는 행위'는 존재자의 진리를 만들어내는 것이 아니라 존재자의 진리 자체가 그 자신을 드러나게 한다. 따라서 위대한 예술작품의 경우에는 그 작품을 만든 예술가는 사라지고 오직 작품과 그 작품 속에 개현되고 있는 존재자의 진리만이 우리의 주목을 끌게 된다. 예술가는 "작품의 산출을 위해서 창조과정에서 자기 자신을 소멸시키는 통과물"이 되는 것이다.

도구를 제작하는 행위처럼 '작용을 가하는 행위'는 존재자의 진리를 드러내는 본질적인 행위에 근거하고 있다. 이는 도구의 제작도 자신이 변형시키는 존재자의 진리에 대한 선행적인 이해 없이는 불가능하기 때문이다. 제작행위는 이러한 존재자의 진리에 근거하고 있으면서도 우리는 일상적으로는 주관적인 이해관심을 좇는 데 몰두하고 있기 때문에 그것을 망각하고 있을 뿐이다.

더 나아가 '현출하게 하는 행위'는 단순히 그것이 당장 관계하고 있는 특정한 존재자의 진리만을 드러내는 것이 아니다. 존재자의 진리는 항상 존재자 전체를 개시하는 존재의 진리에 대한 경험을 통해서만 드러나기 때문에 '현출하게 하는 행위'는 사실은 어떤 존재자의 진리를 드러내는 것을 통해서 존재 전체의 진리를 개현한다. 따라서 '작용을 가하는 행위'는 이미 개시되어 있는 존재의 진리를 배경으로 해서 이루어지는 반면에, '현출하게 하는 행위'는 존재의 진리가 존재자에 비로소 깃들게 하는 행위이다. 존재의 진리가 개현된 상태가 세계일 경우 '작용을 가하는 행위'는 세계라는 지평 내에서 이미 드러나 있는 존재자들과 관계하는 행위인 반면에, '현출하게 하는 행위'는 세계 자체를 근원적으로 개현하는 행위이다.

2
거주居住

우리는 위에서 존재자의 진리를 현출하게 하는 대표적인 행위의 하나인 예술창작의 본질을 살펴보았다. 하이데거는 현출하게 하는 행위를 또한 '거주'로 보면서 이러한 거주의 본질을 구명함으로써 우리 인간이 어떻게 살고 어떻게 행위할 것인지를 고찰하고 있다.

서론에서 우리는 하이데거가 윤리학을 의미하는 독일어 Ethik을 거주처를 의미하는 그리스어 Ethos라는 단어로부터 사유하려고 한다는 것을 보았다. Ethos란 유한한 인간이 거주하는 장소이다. 하이데거는 유한한 인간이 지상에 존재하는 방식을 거주Wohnen라고 부르고 있는데, 이러한 거주는 인간이 세계 안에 단순히 집을 짓고 산다는 것이 아니라 존재의 진리를 존재자에 현현하게 하는 방식으로 존재한다는 것을 의미한다. 하이데거는 이러한 거주야말로 유한한 인간의 행위를 진정한 의미에서 인간적인 것으로 만드는 행위의 본질이라고 말하고 있다.

하이데거는 「건립, 거주, 사유Bauen, Wohnen, Denken」라는 강연문에서 건축물을 건립한다는 것의 본질을 구명하는 것을 통해서 거주의 본질을 밝히고 있다. 하이데거는 건립을 의미하는 독일어 Bauen은 원래 '죽을 자들이 대지 위에 존재하는 방식'이라는 의미에서의 거주Wohnen를 가리킨다고 말하고 있다. 이러한 거주라는 의미의 건립은 한편으로는 동식물의 성장을 돌보는 것으로 나타나거나 다른 한편으로는 건축물을 세우는 것으로서 행해지는데, 하이데거는 다리를 세우는 것을 예로 하여 이러한 건립의 본질을 드러내고 있다.

이 경우 하이데거가 염두에 두고 있는 다리는 그것 위에 성인聖人들의 조상이 세워져 있는 중세풍의 다리인 듯하다. 다리 위에서 검푸른 강물이 밑에 흘러가는 것을 볼 때 우리는 삶의 심연에 현기증을 느낀다. 그 심연은 우리가 균형을 잡고 서 있는 무의 심연이다. 다리는 이 무의 심연 위에 걸쳐진다. 그것은 대지 위에 굳건히 세워져 있으면서 우리를 떠받치고 있는 대지를 드러낸다. 그리고 다리는 그것 위에 열려 있는 하늘을 드러낸다. 다리는 대지와 하늘을 이으면서 죽어야 할 사람들이 한쪽 강가에서 다른 쪽으로 건너가는 것을 도와준다. 다리는 성당으로 이어지면서 우리가 일상의 불경건한 삶을 벗어나 성스러운 신적인 자 앞에 나아가도록 해준다. 다리 위에 세워져 있는 성인들의 조각상에 신적인 것이 임재하고 있다. 다리에는 이렇게 대지와 하늘 그리고 신적인 자들과 죽을 자들이 집수되어 있는 것이다.

우리가 다리를 세우는 것은 삶의 심연을 경험할 수 있기 때문이다. 인간은 자신이 아무런 이유도 근거도 없이 세계에 던져져 있다고 느낄 수 있는 존재이다. 다리를 세움으로써 세계는 아무런 근거도 이유도 없이 우리가 그 안에 내던져진 혼돈의 세계가 아니라 대지와 하늘 그리고 신적인 것들과 죽을 자들이 서로 조응調應하는 사역으로서 드러나게 된다. 따라서 단순히 강을 건너기 위해서가 아니라 삶과 세계를 유의미한 것으로 경험하고 그것에서 혼란과 혼돈이 아니라 감사와 기쁨을 느끼기 위해서 우리는 다리를 세운다. 이런 의미에서 다리는 단순히 강 위에 놓이는 것이 아니라 삶의 심연 위에 놓여진다.

하이데거는 다리를 놓는 것을 '서로 통일된 대지와 하늘, 신적인 것들과 죽을 자들'에게 그것들이 깃들 장소Stätte를 마련하는 것으로서 해석하고 있다. 이렇게 사역에게 그것이 깃들 장소를 마련해 줌으로써 다리는 사역을 보호하는 집Hut이 된다. 하이데거는 다리뿐 아니라 모든 건축물은 사역을 보호하는 집이 될 수 있다고 본다.

사역이 건물에 깃듦으로써 우리가 거주하는 삶의 공간이 열리고 배열된다. 현존재는 건물을 지음으로써 사역에게 머물 장소를 마련해 주지만 다른 한편으로는 그러한 건축물을 지을 때 그러한 사역으로부터 지시를 받아야만 한다. 현존재는 대지와 하늘, 신적인 것들과 죽을 자들die Sterblichen의 통일로부터 사역을 어디에 머물게 하고 공간을 어떻게 배치할 것인지에 대해서 지시를 받아야 하는 것이다. 건립은 사역 자체로부터 공간들을 측정하고 측량하기 위한 척도를 부여받는 것이다. 이런 의미에서 건축물의 건립은 사역의 말 걺에 응답하는 것이다.

사역을 보호하는 건축물들을 지음으로써 인간의 삶은 '사역을 수호하는 것'이 된다. 사역을 이렇게 수호하는 것이 인간이 '세계에 거주한다'는 것의 본질이다. 사역을 수호하는 건축물들을 건립함으로써 인간은 진정으로 세계에 거주하게 되고 진정한 세계-내-존재가 되는 것이다. 이와 같이 후기의 하이데거는 존재 자체가 근원적으로 개현된 세계를 상당히 구체적으로 서술하면서 그것을 하늘과 대지 그리고 신적인 것들과 죽을 자로서의 인간 사이의 내밀한 관계망으로서 사유하고 있다.

이 경우 대지는 모든 것을 떠받치고 기르면서 결실을 맺게 돕는 어머니와 같은 것으로서 물과 돌, 식물과 동물들을 감싸면서 보호한다. 하늘은 해가 돋고 지며, 달이 운행하고, 별들이 반짝이며, 한 해의 계절들과 낮의 빛과 어스름, 밤의 어둠과 밝음, 좋은 날씨와 흐린 날씨가 교차하고, 구름이 흐르고 파란 깊이를 갖는 에테르가 존재하는 곳이다. 그리고 신적인 것들die Göttlichen은 신성神性, Gottheit을 눈짓으로 알려오는 사자使者들이다. 신성의 성스러운 주재함으로부터 신은 우리에게 임재하거나 혹은 자신을 은닉한다. 죽을 자들die Sterblichen은 인간이다. 인간이 죽을 자들이라고 불리는 까닭은 그가 죽을 수 있기 때문이다. 인간이 죽을 수 있다는 것은 죽음을 죽음으로서 흔쾌히 맞이하면서Tod als Tod vermögen 다른 인간을 죽음으로 인도할 수 있다는 것을 의미한다.

하이데거는 인간의 과제를 '사역으로서의 세계가 각각의 사물들에게 깃들여 있는 것으로서 경험하는 것과 아울러 사물을 세계라는 열린 터에서 자신의 진리를 드러내는 것으로서 경험하는 것'으로서 해석하고 있다. 존재가 근원적으로 개현된 세계인 사역은 사물에 모여지는 방식으로 임재하며 또한 사물은 세계를 자신 안에 집수하면서도 세계라는 환히 열린 터Lichtung 안에 도래함으로써 임재한다고 사유되고 있다.

서양 고중세의 고전적 형이상학에서는 모든 존재자는 최고의 존재자에 의해서 근거 지워지거나 창조되는 것으로 여겨지기 때문에 그것들은 최고의 존재자인 신의 지배 아래에 있는 것으로 간주된다. 근대에서는 인간주체가 이러한 최고의 존재자의 자리를 차지함으로써 모든 사물을 지배할 수 있는 위치에 서려고 한다. 이에 대해 하이데거에서는 신과 그 외의 존재자들 간의 위계질서도 인간과 그 외의 존재자들 사이의 위계질서도 존재하지 않는다. 모든 사물은 세계를 집수하는 것으로서 존재하고 세계는 각 사물에게 각각의 고유한 본질을 선사하는 것으로서 존재한다. 이러한 세계에서는 존재자들 사이의 위계란 존재하지 않으며, 사역으로서의 세계도 사물에 깃드는 방식으로만 존재할 수 있는 것으로 사유되고 있다.

사람들은 현대인이 직면하고 있는 주거문제의 심각성을 주택을 대량으로 공급함으로써 극복하려고 한다. 그러나 하이데거는 주택의 부족이 아무리 극심하더라도 거주의 본래적인 위기는 주택의 부족에서 비롯된 것은 아니라고 생각한다. 거주의 본래적인 위기는 인구의 급증이나 빈민층의 비참한 현실이라는 문제보다도 더 오랜 기원을 갖는다. 그것은 사람들이 거주의 본질을 망각하고 있다는 데에 그 뿌리를 갖는다. 아니, 사람들이 거주의 본래적인 위기를 위기로조차도 여전히 느끼지 못하고 있다는 데에 위기가 존재하는 것이다.

하이데거는 이백 년 전에 지어진 슈바르츠발트의 한 농가를 예로 하여 진정으로 집을 짓는다는 것이 무엇인지 그리고 진정한 거주가 무엇인지를 보여주고 있다.

여기서는 대지와 하늘, 신적인 것들과 죽을 자들을 통일적으로 사물들 안에 진입시키는 견실한 능력을 통해서 그 집이 지어졌다. 농가는 바람을 막는 산기슭에 남향으로 세워졌다. 그리고 그 가까이에는 풀밭과 샘물이 있다. 폭이 넓은 판자 지붕은 적당한 경사로 눈의 하중을 견뎌내고, 아래로 상당히 깊숙이까지 내려와 있어서 긴 겨울밤의 폭풍에 대해서 방 안을 보호해 주었다. 가족이 공동으로 사용하는 식탁 뒤에는 십자가나 성모상을 모시는 성소가 있었고, 출산과 —슈바르츠발트에서는 자르그(관棺)라 불리는— 임종을 위한 지성소가 있었다. 한 지붕 아래에 각 연령층마다 시간을 통과할 때 그들이 걸어야 하는 행보의 형태가 제시되었다.*

* 하이데거 전집 12권: *Unterwegs zur Sprache*, Frankfurt am Main, Vittorio Klostermann, 1985, 161쪽.

하이데거는 자신이 슈바르츠발트의 농가를 언급한 것은 우리가 이러한 농가들을 다시 지어야 하고 지을 수 있다고 주장하기 위한 것은 아니라고 분명하게 말하고 있다. 그것은 진정하게 세계에 거주했던 농민들의 집을 예로 하여 건물이 어떻게 지어져야 하는지를 구체적으로 보여주기 위한 것이었다.

그런데 건축물뿐 아니라 모든 존재자가 사역으로서의 근원적인 세계를 각각 독자적인 방식으로 모은다. 다만 건축물은 사역을 대지를 대지로서, 하늘을 하늘로서, 신들을 신들로서 환히 드러내는 방식으로 모은다는 점에서 다른 존재자들과 다를 뿐이다. 이에 대해서 예를 들어서 포도와 같은 것은 대지에서 솟아나는 물과 무기물 그리고 태양의 열과 빛을 자신의 자양분으로 만드는 식으로 하늘과 대지를 자신 안에 모으며, 그것이 포도주가 되면서 인간이 향유하고 신에게 헌주로서 바쳐지는 것이 되는 식으로 또한 신들과 인간을 자신 안에 모은다.

하이데거는 인간은 사역으로 하여금 자신의 본질을 실현하도록 소중히 보살피는 방식으로 지상에 거주한다고 말하고 있다.

이런 의미에서 하이데거는 죽을 자들은 대지를 구원하는 식으로 지상에 거주한다고 말하고 있다. 이 경우 구원이란 어떤 것을 위험에서 벗어나게 한다는 소극적인 것을 넘어서 어떤 것으로 하여금 그것의 고유한 본질을 구현하도록 자유롭게 하는 것freilassen을 의미한다. 대지을 구원하는 것과 대립되는 것은 대지를 착취하거나 혹사하는 것이다. 현대기술문명은 대지를 인간에게 유용한 물자들을 제공하는 자원資源으로 간주하면서 착취하거나 혹사한다. 그것은 대지를 광물의 저장소로 보면서 그것에서 광물을 한없이 채취하거나 인간에게 먹을 것을 제공하는 곳으로 보면서 가능한 한 많고 질 좋은 곡물을 내놓도록 혹사한다. 현대기술문명에서 대지는 만물이 그곳으로부터 생장하고 그곳으로 되돌아가는 일종의 어머니로서의 대지로 간주되는 것이 아니라 인간이 얼마든지 이용하고 착취할 수 있는 자원으로 간주되는 것이다.

그리고 죽을 자들은 하늘을 하늘로서 받아들이는 한에서 지상에 거주한다. 다시 말해서 죽을 자들은 태양과 달의 운행에 따를 뿐이며, 현대기술문명에서처럼 밤을 낮으로 만들거나 낮을 여러 업무에 쫓기는 시간으로 만들지 않는다.

죽을 자들은 신적인 것들을 신적인 것들로서 기리면서 지상에 거주한다. 죽을 자들은 자신들 멋대로 신을 만들지 않으며 우상을 숭배하지 않는다. 현대기술문명에서는 그러나 독일민족이나 특정한 계급 혹은 돈 등을 신으로 섬기면서 진정한 신을 망각하고 있다. 이런 의미에서 하이데거는 현대를 과거의 신들은 떠났지만 새로운 신들은 아직 오지 않은 시대라고 말하고 있다.

하이데거가 신적인 것들로 염두에 두고 있는 것이 어떠한 신인지는 분명하지 않다. 그러나 하이데거가 염두에 두고 있는 신이 인간이 자신의 계율에 따르는지 아닌지를 감시하고 그에 따라서 축복을 주거나 단죄하는 신이 아니라는 것은 분명하다. 또한 그러한 신이 그리스도교의 신처럼 피안에 거주하는 신도 아니라는 것은 분명하다. 그것은 세계에 깃들어 있는 신이라는 점에서 그리스의 신들에 가깝다.

그리고 이렇게 우리가 사역으로서의 세계를 보호한다는 것은 달리 말하면 그것이 깃들어 있는 사물들을 소중하게 생각하면서 감사하는 마음으로 그것들과 관계한다는 것을 의미한다. 예를 들어 우리가 포도주나 물을 마실 때 우리는 그것들을 사역으로서의 세계가 증여한 선물로 느끼면서 마셔야 한다. 이 경우 포도주나 물은 단순한 포도주나 물이 아니고 하늘과 대지를 모으는 것이기에, 우리가 포도주나 물을 감사하는 마음으로 마실 때 우리는 그것들에 깃든 하늘과 대지 그리고 신에 감사하는 것이다. 물과 포도주를 마시는 것을 통해서 인간은 세계에 나가 있으며 이렇게 나가 있다는 것은 세계와 그것을 집수하는 사물에 감사하는 것이 된다.

하이데거는 이러한 감사야말로 진정한 의미의 사유라고 말하고 있다. 하이데거는 사유를 의미하는 독일어 Denken을 감사를 의미하는 독일어 Danken으로부터 해석하고 있으며, 이런 종류의 감사야말로 전통형이상학에 의해서 망각되어 버린 진정한 사유라고 생각한다. 인간이 사유하는 존재라는 것은 감사할 줄 아는 존재라는 것을 의미한다.

7

하이데거 철학의 성격과 의의

1
초월의 철학

하이데거는 현존재의 사명은 존재를 향해서 자신을 열면서 그것에 응답하는 것이라고 보고 있다. 초기의 하이데거가 현존재의 이러한 실존적 수행을 초월이라고 부르고 있으며 후기의 하이데거가 탈-존이라고 부르고 있다는 사실을 우리는 보았다. 이런 의미에서 우리는 하이데거 사상 내에 함축되어 있는 철학을 초월의 철학 내지 탈-존의 철학이라고 부를 수 있을 것이지만 여기서는 앞에서와 마찬가지로 탈-존의 철학이라는 생소한 표현 대신에 초월의 철학이라는 표현을 쓰기로 한다.

막스 뮐러는 이러한 초월은 세 가지 계기로 구성되어 있다고 말하고 있다.

첫째로 초월은 대상에서 존재자로의 초월이다. 초월은 존재자를 주관에 대한 대상으로서가 아니라 그것 자체로서 개시하고 존재하게 한다. 이러한 초월을 통해서 현존재는 주관에 대한 단순한 현상인 대상을 넘어선다.

둘째로 초월은 환경세계로부터 세계 자체로의 초월이다. 존재자를 그것 자체로서 고찰하는 것은 개개의 경험적인 인간으로서의 나라든지 인간 일반의 제한된 지평을 떠나서 세계 자체로 초월할 경우에 가능하다. 이러한 세계 안에서 존재자는 그것에게 우리가 부여한 주관적인 의미를 넘어서 자체의 본질적인 의미를 드러낸다.

셋째로 초월은 주체로서의 나나 인간 일반으로부터 존재 자체로의 초월이다. 근원적인 세계의 통일 원리는 나나 인간 일반이 아니다. 하이데거는 그것을 존재라고 부르고 있는바, 세계는 존재에 의해서 통일되어 있다. 이러한 존재는 세계와 분리되어 있는 것이 아니라 세계 안에 자신을 드러내며 세계는 존재 자체의 개현이 된다. 세계가 나나 인간 일반에 의해서 구성된 세계가 아니라 존재 자체의 개현으로서 나타남으로써 세계는 내가 따라야 할 척도를 제시하는 세계가 된다.

존재 자체가 개현된 전체성으로서의 세계로부터 현존재는 '자신이' 어떠한 존재자에 관계를 갖고 그것에 어떻게 관계해야 하는지를 이해하게 된다. 따라서 존재 자체의 근원적인 개현이 일어나는 세계야말로 우리의 모든 구체적인 인식과 행위에 척도를 부여하는 것이다. 이런 의미에서 우리는 존재 자체와 그것이 개현된 근원적인 세계야말로 사실은 그 모든 선의 원천이자, 최고선이라고 볼 수 있다. 선한 행위란 그렇게 근원적으로 개현된 세계를 척도로 갖는 행위이다.

2

총체적인 깨어 있음의 철학

이렇게 존재를 향해 초월하는 것, 다시 말해서 존재의 관점에 서는 것은 총체적으로 깨어 있는 것을 의미한다.

하이데거는 우리의 삶은 선先반성적인 일상세계 안에서 일어나고 있다고 본다. 이러한 선반성적인 일상세계에서는 일차적으로 모든 존재자는 도구적인 성격을 갖는 것으로 나타난다. 예를 들어서 바람은 돛단배를 가게 하는 힘으로 나타나며 다른 인간도 내가 자신의 이해관심을 실현하기 위해서 필요로 하는 것으로 나타난다.

이러한 선반성적인 일상세계에 대한 반성적인 태도에는 크게 두 가지 방향이 존재한다고 볼 수 있다. 그 하나는 과학기술의 방향으로서 이러한 선반성적인 일상세계에서 이미 일어나고 있는 존재자의 개시를 토대로 해서 존재자를 대상화하여 그것의 작용법칙을 파악함으로써 그것에 대한 지배를 확보하려는 방향이다. 이러한 방향은 사실은 일상세계에서 벗어난 것 같지만 그러한 일상세계를 규정하는 삶의 태도를 보조하고 강화하는 것이다. 그것은 존재자들이 작용하는 인과법칙을 파악하고 인간이 자신의 목적을 실현하는 데 유리하게 이용함으로써 존재자들을 우리의 목적을 위해서 보다 잘 기능하는 수단으로 만들려고 한다.

이에 대해서 하이데거가 취하는 방향은 이러한 선반성적인 일상세계를 보완하고 강화하는 것이 아니라 오히려 이러한 선반성적인 일상세계가 '존재자 자체의 진리가 개현되어 있는 근원적인 세계에 뿌리박고 있는 비본래적인 세계'라는 사실을 드러내는 것이다. 이러한 근원적인 세계에서는 모든 존재자가 단순히 도구적인 의미만을 갖는 것이 아니라 자체적인 의미를 갖는다.

하이데거는 모든 존재자가 도구적인 의미밖에 갖지 못하는 세계, 곧 모든 존재자가 기능적인 의미밖에 갖지 못하는 세계에서는 인간의 삶도 공허하고 무의미한 삶이 될 수밖에 없다고 생각한다. 현존재는 모든 존재자가 기능적인 의미만을 갖는 곳에서는 공허감을 느낄 수밖에 없다는 것이다. 아울러 이러한 세계에서는 모든 사람이 서로를 도구화하려고 하기 때문에 서로에 대한 경계와 두려움이 지배하게 된다.

인간은 존재자들의 독자적인 존재를 드러내면서 그러한 존재자들과 친교를 경험할 때 삶의 충만과 의미를 느낄 수 있다. 존재자들이 이렇게 자신들의 독자적인 진리와 의미를 갖는 것으로서 드러난다는 것은 그것들이 인간에 대해서 자신을 닫고 인간과 존재자 사이에 넘어설 수 없는 장벽이 형성된다는 것이 아니다. 오히려 존재자들이 자신의 침범할 수 없는 진리를 드러냄과 함께 인간과 그것들 사이의 장벽이 허물어지면서 서로 간에는 친교가 성립하게 된다.

또한 일상적인 세계에서는 우리가 지향하는 목표와 그러한 목표의 실현에 필요하거나 그러한 실현에 방해가 되는 것만이 우리의 주목을 끄는 반면에, 근원적인 세계에서는 존재자 전체가 경이로운 것으로서 자신을 드러내고 우리는 그러한 존재자들에 대해서 총체적으로 깨어 있는 상태가 된다. 이렇게 총체적으로 깨어 있는 상태에서만 사람들 간의 사랑도 가능하다. 이 경우 사람들은 서로를 각자의 이해관심을 실현하기 위한 도구로 보지 않고 독자적인 인격으로 경험하게 된다.

우리가 일상적으로 살고 있는 세계는 기능적인 의미와 가치의 장이다. 서양 형이상학의 역사는 이러한 일상적인 생활세계를 억견의 세계로 폄하하면서 존재자에 대한 소위 객관적인 파악을 심화해 온 역사이다. 이러한 형이상학적 입장의 최종적인 귀결이라고 볼 수 있는 현대과학은 인간마저도 인과적인 자연법칙에 의해서 지배되는 객관적인 대상으로 간주하고 있다. 그러나 하이데거는 억견의 세계를 모든 것이 인과적인 자연법칙에 따라서 움직이는 것으로 환원하려는 것이 아니라 억견의 세계를 정화하려고 한다.

현존재는 일상적인 세계에서 우선 대부분의 경우 존재자를 도구로 대하면서도 그것들이 '존재한다'고 말하면서 그것들이 독자적인 존재의미를 갖는다는 사실을 부지불식간에 인정하고 있다. 일상적인 세계에서도 우리는 나무는 나무로서 대하고 동물은 동물로서 대한다. 일상적인 세계에서도 우리는 어느 정도는 존재자 자체에 나가 있는 것이지만 우리는 존재자 자체가 자신의 진리를 스스로 드러내도록 일상적인 세계를 정화하는 것이 필요하다. 일상적인 세계의 정화는 일상적인 세계에서 우리의 삶을 규정하는 지배의지나 소유욕에서 벗어남으로써 우리가 경이라는 기분에서 세계를 경험할 때 일어난다. 경이라는 기분에서 세계를 경험할 때 존재자는 자신의 진리를 그 자체로 환히 드러내며 이와 함께 우리는 존재자에 대한 탈자적인 관계, 다시 말해서 총체적으로 깨어 있는 관계를 성취하게 된다.

3
기쁨의 철학으로서의 하이데거 철학

우리는 이상에서 이 세계를 존재 자체의 개현으로 보게 될 때, 모든 존재자는 단순히 내 앞에 지각이나 관찰의 대상으로 있거나 도구로서 존재하지 않고 존재 자체가 현현하는 성스러운 사물Das Ding로서 존재하게 된다는 사실을 보았다. 이러한 사물들과 관계하면서 현존재가 갖는 느낌은 감각적인 쾌감과는 전적으로 다른 성질을 갖는 '기쁨Freude'이다. 기쁨은 우리가 현실의 모든 것을 고귀한 것으로 존중하게 될 때 갖게 되는 기분이다. 우리는 감각적 욕망을 충족시키는 것들에 대해서는 쾌감을 느끼는 반면에 고귀한 것과 관계할 때는 기쁨을 느낀다.

> 쾌락과 주관적인 행복을 자기 삶의 목적과 행동의 목표로 삼는 사람은 우리가 기쁨이라고 부르는 보다 더 깊은 의미의 행복을 전혀 경험하지 못한다. 있는 그대로의 사물에서 또는 그 사물에 관해서 기뻐할 수 있는 사람만이 이러한 행복을 경험할 수 있다.*

* 로베르트 슈패만 지음, 『도덕과 윤리에 관한 철학적 사유』, 박찬구, 류지한 옮김, 철학과 현실사, 2001년, 57쪽.

물질문명의 발달과 함께 현대에는 인간의 행복을 감각적 쾌락과 동일시하는 쾌락주의가 지배하고 있다. 이러한 쾌락주의는 자명한 진리인 것처럼 받아들여지고 있지만 현대인도 실제로는 무조건적으로 쾌락만을 추구하는 것은 아니다. 로베르트 슈패만은 이러한 사실을 하나의 사고실험을 통해서 입증하고 있다. 그는 만약에 우리가 뇌에 일정한 자극을 줌으로써 쾌감을 향유할 수 있다고 할 경우 과연 그러한 상태로 일생을 지낼 것을 원할 것인지를 한번 생각해 보라고 말하고 있다. 슈패만은 사람들은 그러한 환상적인 쾌락 속에서 일생을 사는 것보다는 고통과 위험이 존재하는 현실에서 살기를 바랄 것이라고 말하고 있다. 우리는 쾌감이라도 환상적인 쾌감이 아니라 현실과의 접촉에 근거한 쾌감을 원한다는 것이다.

인간이 진정으로 바라는 것은 쾌락에 가득 찬 삶이나 단순한 자기보존도 아니며, 힘들고 짧은 삶이라도 의미와 기쁨에 충만한 삶이다. 의미와 기쁨에 충만한 삶은 자신이 접하는 모든 인간과 사물을 존재의 현현으로 경험하면서 그것들 자체가 절대적인 의미를 갖는다는 사실을 경험하는 삶이다. 이 경우 의미는 그러한 인간과 사물 외부로부터 주어지는 것이 아니라 그것들 자체 내에 존재한다.

사람들은 많은 경우 삶의 의미를, 천상의 피안에 도달하는 것에 둔다든가 혹은 미래의 유토피아를 실현한다는 데에 두는 등 자신이 '지금 여기에' 살고 있는 현실의 밖에서 찾으면서 자신이 살고 있는 현실은 그러한 현실 밖의 의미를 실현하기 위한 수단으로 생각하는 경향이 있다. 이러한 사람들에게는 지금 여기의 현실보다는 그들이 지향하는 이상향이 궁극적 의미를 가지며 지금 여기의 현실은 그러한 이상향으로 가는 단계에 불과하게 된다. 그것은 기능적인 의미밖에 갖지 못하는 것이다.

진정한 기쁨은 자신이 지금 발을 붙이고 서 있는 순간순간의 세계에 대해서 강한 현실감을 갖는 데에 존재하며, 그러한 세계 내에 존재하는 존재자들에서 발하는 존재의 빛을 향유하는 데에 있다. 우리는 죽음과 세계 개현 사이에 존재하는 관계를 살펴보면서 인간이 죽음에 던져져 있으면서 죽음을 의식할 수 있다는 사실이 자신의 삶과 존재하는 모든 것이 갖는 유일회성과 독자성에 대한 감각을 일깨워준다는 사실을 보았다. 존재하는 모든 것이 갖는 이러한 유일회성과 독자성에 대한 감각이 바로 기쁨이다.

기쁨이 존재하는 모든 것의 독자성에 대한 감각일 경우 우리는 우리가 접하는 모든 것에 대해서 그때마다 '다른' 기쁨을 느끼게 된다. 바흐의 음악이 베토벤의 음악과는 다른 기쁨을 주는 것처럼, 어린애는 어른과는 다른 기쁨을 주고 식물은 동물과는 다른 기쁨을 준다. 이에 대해서 쾌락은 다른 존재자들을 수단으로 하여 자신의 욕망을 충족시키는 것이기에 그것은 그 대상을 수시로 바꾸더라도 항상 동일한 성격을 띠게 된다. 바로 이것이 쾌락이 지나치게 되면 곧 역겨운 것으로 변하게 되는 이유이다.

> 우리가 어떤 것에서an etwas 또는 어떤 것에 관해서über etwas 기쁨을 느낀다고 말하는 것은 우연이 아니다. 쾌감은 어떤 것을 통해서 야기된다. 그러나 기쁨은 그때마다 하나의 대상이나 하나의 내용을 가진다. 따라서 기쁨의 내용이 다양한 만큼 기쁨의 종류도 다양하다.*

* 위의 책, 56쪽.

하이데거 철학이 궁극적으로 지향하는 것은 단순하고 소박한 사물들 각각이 갖는 독자성을 경험하면서 그것들에 대해서 기쁨을 느낄 수 있는 우리들의 능력을 다시 일깨우는 것이다. 하이데거가 말하는 현-존재란 이러한 능력이 일깨워진 인간이다.

우리가 접하는 모든 것을 고귀한 것으로 존중하는 태도를 사랑이라고 부를 수 있을 것이다. 물론 하이데거 자신은 사랑이란 단어는 별로 사용하지 않고 그 대신에 '존재자로 하여금 그 자신의 고유한 존재를 발현하게 하는 태도'를 의미하는 독일어 Sein-lassen이란 용어를 사용하고 있다. 그러나 그가 이 말을 통해서 말하고 싶어 하는 것은 본질적으로 사랑의 태도와 다를 바가 없다.

다른 존재자를 존중하고 사랑하기 위해서는 우리는 자신에 대한 교만을 버리고 겸손하지 않으면 안 된다. 우리는 앞에서 하이데거가 겸손이라는 단어를 사용하고 있지는 않지만 감사라는 용어를 사용하고 있다는 사실을 보았다. 물론 이 경우 하이데거는 존재에 대한 감사를 말하고 있지만 존재에 대한 감사는 존재가 구체적으로 현현하고 있는 존재자들에 대한 감사로 나타날 경우에만 진정한 것이 된다. 우리는 물 하나를 마실 때도 그것을 존재 자체의 현현으로서 감사하면서 마셔야 한다. 이러한 감사의 태도는 자신이 도구로서 사용하는 물건에까지 미칠 수 있다. 우리는 그것에서도 존재의 현현을 느낄 수 있는 것이다.

그러나 물질적인 풍요 속에서 살고 있는 현대인은 자신들이 소유하고 있는 물건들에 감사할 줄 모른다. 그것들은 현대인에게는 문자 그대로 단순히 도구적인 가치밖에 가지고 있지 않는 것이다. 이렇게 감사할 줄 모르는 삶은 외면적으로는 풍요롭지만 사물과의 합일에서 경험할 수 있는 기쁨을 결여하고 있기에 사실은 궁핍한 삶이다. 현대인이 물질적인 풍요에도 불구하고 자신의 삶에 대해서 항상 불만에 차 있는 것은 바로 이 때문이다. 이와 관련하여 슈패만은 이렇게 말하고 있다.

> 다른 사람이 사용할 수 있는 어떤 사물을 그것이 그 사람의 소유라도 내버리는 것은 항상 비도덕적이다. 많은 사람들은 빵을 내버리는 것에 어떤 거의 미신적인 혐오감을 가지고 있다. 이 혐오감은 예전에 빵이 부족했다는 사실로 쉽게 설명될 수 있다.

우리가 이것으로부터 추론할 수 있는 것은 무엇일까? 우리는 이것으로부터, 도가 지나친 풍요는 인간으로 하여금 사물의 가치에 대해 눈을 멀게 하므로 인간을 위해 좋지 않다고 결론지을 수 있을 것이다.*

하이데거의 감사의 철학은 존재에 대한 지배를 꾀하는 근대의 주체성 철학에 대한 대안이다. 주체는 세계에 대한 지배를 포기하는 대신 세계의 고양된 의미를 선물로 받게 된다. 하이데거는 '근원적인 세계의 풍요로움 안에 거주하는 것Wohnen'을 현대를 지배하는 도구주의와 소비주의에 대한 대안으로서 제시하는 것이다.

* 위의 책, 138쪽 이하.

8

맺으면서

마지막으로 하이데거의 핵심사상을 간략하게 정리하는 것으로 이 책을 맺으려고 한다.

초기의 하이데거는 불안이란 기분을 인수하면서 죽음으로 선구하는 현존재의 실존수행이 근원적인 세계가 개현하는 것을 가능하게 하는 근거라고 생각했다. 그러나 후기의 하이데거는 현존재를 세계 개현의 근거라기보다는 세계를 존재 자체가 현존재를 통해서 개현된 것으로 보게 된다. 후기의 하이데거에서는 존재 자체가 심연적인 근거로서 나타나는 것이며 현존재는 이러한 존재 자체의 진리에 응답하면서 존재의 열린 터에서 드러나는 존재자 전체의 진리를 경험하게 되는 것이다. 이와 함께 후기의 하이데거는 '죽음으로의 선구'도 죽음을 통해서 자신을 고지하는 존재 자체에 대한 현존재의 응답으로 해석하게 된다.

하이데거의 존재물음을 우리는 에른스트 놀테Ernst Nolte에 따라서 초월론적인 물음의 심화라고 볼 수도 있을 것이다. 하이데거는 전통적인 초월론적 철학과 마찬가지로 존재자에 대한 인식을 궁극적으로 가능하게 하는 근거인 아프리오리를 탐구한다. 다만 전통적인 초월론적 철학은 존재자에 대한 인식은 판단이라고 생각하기에 그러한 판단이 근본적으로 전제하는 아프리오리를 찾는다. 이에 대해서 하이데거는 존재자의 진리는 판단을 통해서 비로소 드러나는 것이 아니라 이미 구체적인 삶의 장에서 드러나 있다고 보기에 구체적인 삶의 장에서 존재자의 진리가 그렇게 이미 드러나 있을 수 있는 초월론적인 가능조건을 찾으려고 한다.

하이데거는 이러한 초월론적인 가능조건을 파들어 가면서 불안이란 기분에서 자신을 드러내는 무 내지 존재의 진리가 근원적인 아프리오리라는 것을 발견한다. 우리가 존재의 진리에 청종함으로써 존재자 전체의 진리가 드러난다. 과학적 인식을 비롯한 모든 판단은 이렇게 드러난 존재자의 진리에 입각하는 한, 그러한 판단의 궁극적인 근거도 불안과 같은 근본기분을 통해서 우리에게 엄습하는 존재의 진리이다.

그러나 이러한 존재의 진리는 눈앞의 대상처럼 우리가 원한다면 언제든지 파악할 수 있는 것이 아니다. '우리는 너무도

유한하여 고유한 결단이나 의지를 통하여 존재에 직면할 수 없다'는 것이 하이데거의 생각이다. 존재는 불안이란 기분을 통해서 우리를 엄습하는 것이다. 전통적인 형이상학이 존재를 눈앞의 대상처럼 객관적으로 고찰하는 방식을 통해서 파악하려고 하는 반면에, 하이데거는 존재를 이렇게 불안이나 경이와 같은 기분을 통해서 우리를 엄습하면서 우리 자신을 비롯한 존재자 전체의 진리를 드러내는 힘으로서 사유하고 있다. 따라서 이러한 존재는 그것을 대상적으로 파악함으로써 우리에게 그 본질이 드러나는 것이 아니라, 우리가 우리를 엄습해 오는 존재의 운동을 함께 수행하는 것을 통해서만 드러난다. 하이데거의 존재물음이란 존재가 이렇게 자신의 진리를 드러내는 사건으로 귀환하면서 그것을 새롭게 파악하려는 시도이다.

세창사상가산책 6 | 하이데거